NOUVELLE

GRAMMAIRE FRANÇAISE

DES COMMENÇANTS

AUTRES OUVRAGES DE M. BONNAIRE

Qui se vendent à la même Librairie.

Cours de Thèmes français, ou *Nouveaux Exercices d'orthographe, de syntaxe, d'analyse et de ponctuation*, rédigés suivant les règles de la Grammaire française des commençants. 1 volume in-12. Prix, cartonné............. 1 fr. 20 c.
Corrigés des thèmes. 1 vol. in-12. Prix, broché. 1 fr. 50 c.

Nouvelle Petite Grammaire des Écoles primaires, avec des exercices sur l'orthographe. 1 vol. in-18. Prix, cartonné.................................. 60 c.
Exercices. 1 vol. in-18. Prix, cartonné.......... 60 c.

Manuel de Composition française, contenant des sujets de narrations et d'amplifications, des sujets de lettres instructives, etc., etc. 1 volume in-18. Prix, broché.... 1 fr. 50 c.
Corrigé des compositions. 1 vol. in-18. Prix, br... 1 fr. 50 c.

Manuel des synonymes de la langue française :
Dictionnaire. 1 volume in-18. Prix, broché......... 1 fr.
Exercices. 1 volume in-18. Prix, broché......... 1 fr.
Corrigé des exercices. 1 volume in-18. Prix, broché. 1 fr.

Paris. — Imprimerie Panckoucke, rue des Poitevins, 14.

NOUVELLE
GRAMMAIRE FRANÇAISE
DES COMMENÇANTS

SUIVIE DE QUELQUES MODÈLES

D'ANALYSE GRAMMATICALE ET D'ANALYSE LOGIQUE

PAR M. BONNAIRE

PRINCIPAL DE COLLÉGE

OUVRAGE AUTORISÉ

Par le Conseil royal de l'Instruction publique

CINQUIÈME ÉDITION

PARIS
CHEZ L. HACHETTE

LIBRAIRE DE L'UNIVERSITÉ ROYALE DE FRANCE

Rue Pierre-Sarrazin, n° 12

1845

PRÉFACE.

LE titre de cet ouvrage annonce le peu de prétention de l'auteur. Mais quelle tâche plus difficile à remplir, que celle de présenter au public un livre élémentaire propre à être mis entre les mains des commençants !

La multiplicité des grammaires eût été capable de décourager quiconque n'aurait eu en vue que son propre intérêt ; mais comme le but de l'auteur est de se rendre utile aux jeunes élèves, pour qui les débuts sont toujours si pénibles dans la carrière des études, il a cru ne devoir rien épargner pour mettre au jour un ouvrage dont la méthode extrêmement simplifiée doit leur aplanir les premières difficultés.

La *Grammaire française des commençants* est rédigée d'après le même plan que la *Méthode pour étudier la langue grecque* de M. Burnouf. L'auteur, en adoptant les mêmes principes pour notre langue, était sûr d'en accélérer l'étude. Cette grammaire réunit encore plusieurs autres avantages qu'on ne peut lui contester. Voici les principaux :

1°. Les développements, proportionnés à la capacité de l'élève, sont fort courts en commençant, et s'accroissent suivant les progrès de son intelligence. Ce moyen n'est-il point le plus sûr et le plus efficace pour encourager ses premiers efforts, et stimuler, à mesure qu'il avance, son ardeur pour l'étude ?

c, *d*, *e*, *f*, *g*, *h*, *i*, *j*, *k*, *l*, *m*, *n*, *o*, *p*, *q*, *r*, *s*, *t*, *u*, *v*, *x*, *y*, *z*. Ces lettres servent à écrire tous les mots.

Il y a deux sortes de lettres : les *voyelles* et les *consonnes*.

Voyelle vient du mot *voix*; consonne veut dire *qui sonne avec*.

§ 5.   DES VOYELLES.

Une *voyelle* est une lettre qui, seule, forme une voix, un son, c'est-à-dire qui peut être prononcée sans le secours des consonnes.

Il y a six voyelles : *a*, *e*, *i*, *o*, *u*, *y*.

§ 6.   DES CONSONNES.

Une *consonne* est une lettre qui ne peut exprimer un son qu'avec le secours des voyelles.

Il y a dix-neuf consonnes : *b*, *c*, *d*, *f*, *g*, *h*, *j*, *k*, *l*, *m*, *n*, *p*, *q*, *r*, *s*, *t*, *v*, *x*, *z*. On voit que ces lettres se prononcent comme s'il y avait *bé*, *cé*, *dé*, *effe*, *gé*, *hache*, *ji*, *ka*, *elle*, *emme*, *enne*, *pé*, *qu*, *erre*, *esse*, *té*, *vé*, *icse*, *zède*. *X* équivaut à *cs*. *S*, entre deux voyelles, se prononce comme *z* : *cerise*, *oiseau*.

Ph se prononce comme *f* : *Philippe*.

§ 7.   DE LA PRONONCIATION DE PLUSIEURS LETTRES.

DES TROIS SORTES D'*e*.

Il y a trois sortes d'*e* : l'*e muet*, l'*é fermé*, l'*è ouvert*.

L'*e* muet est celui dont le son est sourd et peu sensible, comme dans ces mots, *mesure*, *demande*.

L'*é* fermé est celui qu'on prononce la bouche presque fermée, comme dans *témérité*.

L'*è* ouvert est celui qu'on prononce la bouche fort ouverte, comme dans *décès*, *progrès*.

§ 8.   DE L'*y*.

L'*i* grec (*y*) est une lettre empruntée à la langue grecque.

Il s'emploie tantôt pour un *i*, et tantôt pour deux *i*.

Il s'emploie pour un *i* dans les mots tirés du grec : *hymen*, *hypocrite*.

Il s'emploie pour deux *i* dans un grand nombre de mots, par exemple : *pays, moyen, joyeux,* qui se prononcent comme si l'on écrivait en deux syllabes, *pai-is, moi-ien, joi-ieux.*

§ 9.   DES DEUX SORTES D'*h*.

Il y a certains mots où l'*h* ne se fait nullement sentir, par exemple : *l'homme, l'honneur, l'harmonie.*

L'*h* qui ne se prononce point se nomme *h muette.*

L'*h* qui fait prononcer avec aspiration, c'est-à-dire avec un effort de gosier, la voyelle qui suit, prend le nom d'*h aspirée.*

On dit *les héros, les hameaux,* en prononçant séparément les deux mots, et non pas *les zhéros, les zhameaux.*

§ 10. DES VOYELLES LONGUES ET DES VOYELLES BRÈVES.

On distingue deux sortes de voyelles : les *voyelles longues* et les *voyelles brèves.*

Une voyelle longue est celle sur laquelle on appuie plus longtemps que sur les autres en la prononçant.

Une voyelle brève est celle que l'on prononce brièvement.

A est long dans *pâte* pour faire du pain, et il est bref dans *patte* d'animal.

E est long dans *fête,* et bref dans *miette.*

I est long dans *gîte,* et bref dans *petite.*

O est long dans *côte,* et bref dans *botte.*

U est long dans *flûte,* et bref dans *butte.*

§ 11. DES SONS DOUBLES ET DES CONSONNES FINALES.

On entend par *sons doubles* ou *diphthongues,* deux sons différents qui se prononcent d'une seule émission de voix : *miel, lieu, chien, roi, soin, écuelle, muid, juin,* etc.

Il faut observer que la plupart des consonnes placées à la fin des mots se prononcent rarement : *plomb, franc, rond, long, fusil, quartier, amas, chenet, feux, nez.* La lettre *r* dans *quartier,* et la lettre *z* dans *nez,* font prononcer ces deux mots comme si l'*e* prenait l'accent

aigu. Dans *chenet*, le *t* fait prononcer le dernier *e* comme
s'il prenait l'accent grave.

§ 12. DES VOYELLES COMPOSÉÉS ET DES VOYELLES NASALES.

Une voyelle *composée* est celle qui est formée de la
réunion de deux ou trois voyelles simples, comme *ai,
ei, au, eau, eu, œu, ou*.

Une voyelle *nasale* est celle dont le son est modifié
par le nez, comme *an* ou *am, en* ou *em, in* ou *im, ain*
ou *aim, ein, on* ou *om, un* ou *um*.

§ 13. DE LA PRONONCIATION DES VOYELLES COMPOSÉES.

Ai a le son de l'*è* ouvert : *mai, balai, haie, plaie,
trait, lait*.

Au a le son de l'*ó* long : *étau, Pau* (ville de France).

Eau a le même son qu'*au* : *bateau, marteau*.

Eu a le même son que l'*e* muet prononcé fortement :
feu, peu. Quelquefois l'*e* ne se prononce pas : *eu, j'eus,
gageure*.

OEu a le même son qu'*eu* : *vœu, nœud*.

Ou se prononce comme dans *genou, hibou, loup*.

§ 14. DE LA PRONONCIATION DES VOYELLES NASALES.

An et *am* ont le même son : *an, Adam, sang, camp*.

En et *em* ont le même son. Tantôt on les prononce
comme *an* : *enfant, emploi;* tantôt on les prononce dif-
féremment : *bien, lien, ennemi, ennui*.

In et *im* ont le même son : *cousin, impoli, libertin,
imprudent*.

Ain et *aim* se prononcent comme *in* : *pain, faim, bain,
essaim*.

Ein se prononce aussi comme *in* : *sein, peinture*.

On et *om* ont le même son : *bonbon, bombe, maison,
compliment*.

Un et *um* ont le même son : *chacun, parfum*.

§ 15. DES SYLLABES.

On appelle *syllabe* une ou plusieurs lettres qui forment un son, et se prononcent par une seule émission
de voix.

Le mot roi ne contient qu'une syllabe.

Il y a trois syllabes dans le mot *successeur :* la première est *suc,* la seconde est *ces,* et la troisième est. *seur.*

Un mot d'une seule syllabe se nomme *monosyllabe.*

Un vers est une certaine réunion de mots dont les syllabes sont comptées.

III. — DE LA LECTURE.

§ 16.   DE LA MANIÈRE DE LIRE.

Pour bien lire, il faut faire attention aux caractères des lettres, aux divers signes qui indiquent la prononciation des mots, et à ceux qui avertissent des pauses qu'on doit faire en lisant.

Il faut encore observer de lier les mots qui sont susceptibles de l'être.

Les consonnes *d, s, t,* forment liaison avec le mot suivant devant une voyelle ou une *h* muette ; mais le *d* prend alors le son du *t.*

On prononce *grand arbre, grand homme,* de la même manière que si l'on écrivait *grand tarbre, grand thomme.* On prononce les *honneurs, les oiseaux,* comme si l'on écrivait *les zhonneurs, les zoiseaux.* On prononce *instant heureux, enfant habile, petit homme,* comme si l'on écrivait *instant theureux, enfant thabile, petit thomme.*

§ 17.   DES CARACTÈRES DES LETTRES.

Il y a trois sortes de caractères.

On les nomme *majeurs, mineurs* et *italiques.*

Une lettre majeure est un grand caractère.

Une lettre mineure est un caractère ordinaire.

Les lettres italiques sont des caractères qui ressemblent beaucoup à l'écriture bâtarde.

§ 18.   DE L'USAGE DES DIVERS CARACTÈRES.

Chaque caractère a son usage particulier.

Une lettre majeure indique le commencement d'une phrase, d'un vers et d'un mot dont l'idée s'applique à un seul individu, comme *Louis, Auguste, Paris, Lyon,* etc.

Une lettre majeure indique encore le commencement

d'un mot qui sert à qualifier, comme *Roi, Prince, Duc, Monsieur,* etc., quand ce mot est employé absolument, c'est-à-dire quand il remplace le nom de la personne dont on parle, ou dans une supplique, une dédicace, une lettre, une suscription et généralement dans un écrit qui s'adresse directement à une ou plusieurs personnes dont on veut faire ressortir la qualité.

Dans le discours ordinaire, ces mots s'écrivent sans lettre majeure, comme dans cette phrase : *J'ai passé la soirée chez le duc d'Albe.*

Les lettres mineures servent à remplir la phrase.

Les caractères italiques servent à faire ressortir ce qu'on a voulu particulièrement faire remarquer.

§ 19.   DES ACCENTS.

Les *accents* sont divers signes qu'on emploie pour marquer les différentes sortes d'*e* et les *voyelles longues.*

Il y a trois accents, savoir : l'*accent aigu,* l'*accent grave* et l'*accent circonflexe.*

L'accent aigu va de droite à gauche, en descendant (´).

L'accent grave va de gauche à droite, aussi en descendant (`).

L'accent circonflexe se forme de la réunion des deux autres (ˆ). Il ressemble à un V renversé.

§ 20.   DE L'USAGE DES ACCENTS.

L'accent aigu indique les *é* fermés, comme dans *vérité.*

L'accent grave indique les *è* ouverts, comme dans *procès, accès.* Il sert encore à distinguer certains mots : *à, où, là.*

L'accent circonflexe marque les voyelles longues, comme dans *fête, apôtre.* Il remplace souvent la lettre *s :* on écrivait anciennement *feste, apostre.*

§ 21. DE L'APOSTROPHE, DU TRÉMA, DE LA CÉDILLE
ET DU TRAIT D'UNION.

L'*apostrophe* (') est une espèce de virgule placée au-dessus de la lettre, pour indiquer le retranchement d'une des voyelles *a*, *e*, *i*. On dit *l'église* pour *la église*, *l'ouvrage* pour *le ouvrage*, *s'il veut* pour *si il veut*.

Le *tréma* (¨) est un signe composé de deux points que l'on met sur les voyelles *e*, *i*, *u*, quand on doit les prononcer séparément : *ciguë*, *haïr*, *Saül*. Sans le tréma on prononcerait *cigue* comme *fatigue*, *hair* comme *pair*, *Saul* comme *Paul*.

La *cédille* (ç) est une petite figure qui se place sous le *c*, devant les voyelles *a*, *o*, *u*, pour adoucir la prononciation de-cette consonne, c'est-à-dire pour lui donner le son de l's : *façade*, *maçon*, *conçu*.

Le *trait d'union* (-) sert à lier deux ou plusieurs mots qui n'en forment qu'un, comme *chef-lieu*, *sous-préfecture*, *arc-en-ciel*.

§ 22.   DE LA PONCTUATION.

Les signes de la ponctuation sont au nombre de six : la *virgule* (,), le *point et la virgule* (;), les *deux points* (:), le *point* (.), le *point d'interrogation* (?), et le *point d'admiration* (!).

La virgule indique une pause assez courte dans la lecture.

Le point et la virgule indiquent une pause un peu plus longue que celle de la virgule.

Les deux points annoncent une pause plus longue que celle du point et de la virgule.

Le point annonce la pause la plus longue et la fin d'une phrase.

Le point d'interrogation marque la fin d'une question.

Le point d'admiration marque la fin d'une phrase qui exprime l'admiration ou l'exclamation.

IV. — DE LA GRAMMAIRE.

§ 23.   DÉFINITION DE LA GRAMMAIRE.

La *Grammaire* est la science qui nous apprend à parler et à écrire conformément au meilleur usage.

Ce sont les bons écrivains et, par-dessus tout, l'Académie, qui fixent les lois du langage.

1.

On appelle aussi *grammaire* le livre qui contient ces lois.

§ 24.   DU DISCOURS ET DE SES PARTIES.

Un *discours* est une suite de pensées sur le même sujet.

Dix espèces de mots composent le discours, ce sont : le *nom*, l'*article*, l'*adjectif*, le *pronom*, le *verbe*, le *participe*, l'*adverbe*, la *préposition*, la *conjonction* et l'*interjection*.

La *proposition* et la *phrase* sont un groupe de mots qui forment un sens; mais elles diffèrent en ce que la phrase doit avoir un sens complet, achevé, tandis que la proposition peut n'offrir qu'un sens limité, restreint.

Aide-toi, le ciel t'aidera. Il y a ici deux propositions, et seulement une phrase.

§ 25. DE L'ORTHOGRAPHE, DE L'ANALYSE ET DES RÈGLES.

L'*orthographe* est la manière d'écrire correctement les mots d'une langue.

L'*analyse* est la manière de décomposer les phrases pour rendre compte de chaque mot ou de chaque proposition.

Les *règles* sont les lois du langage; elles sont *générales* ou *particulières :* les règles générales sont celles qui concernent une grande quantité de mots; les règles particulières sont celles qui ne s'appliquent qu'à un certain nombre de mots désignés.

§ 26.   DIVISION DE LA GRAMMAIRE.

La Grammaire se divise en deux parties.

D'abord il faut considérer les mots isolément, pour les classer, en étudier la formation et l'orthographe.

Ensuite il faut considérer les mots ensemble, pour les coordonner suivant les rapports qu'ils ont entre eux : c'est l'objet de la *Syntaxe*.

PREMIÈRE PARTIE.

DES DIVERSES ESPÈCES DE MOTS.

LIVRE PREMIER.

MOTS VARIABLES.

CHAPITRE I.

DU NOM.

I. — DU NOM EN GÉNÉRAL.

§ 27. DÉFINITION DU NOM. — DEUX SORTES DE NOMS.

Le *nom*, que l'on appelle aussi *substantif*, est le mot qui sert à désigner et à nommer les personnes et les choses.

Il y a deux sortes de noms substantifs : le *nom propre* et le *nom commun*.

Le nom propre est celui qui ne convient qu'à une seule personne ou à une seule chose, comme *Charles, Philippe, Rome, Paris*.

Le nom commun est celui qui convient à tous les êtres ou à tous les objets de la même espèce : *homme, cheval, livre, table*, sont des noms communs, parce qu'ils conviennent à toute l'espèce des *hommes*, des *chevaux*, des *livres*, des *tables*.

§ 28. DU NOM IDÉAL ET DU NOM DE QUALIFICATION.

On peut considérer séparément les objets qu'on n'aperçoit pas, parce qu'ils n'existent que dans l'esprit, comme la *vertu*, la *douceur* : c'est ce qu'on appelle *nom idéal* ou *métaphysique*.

Le nom de *qualification* est celui qui sert à indiquer les qualités ou les titres de dignité, comme *roi, prince, duc, comte, marquis, monsieur, madame, mademoiselle*.

§ 29. PROPRIÉTÉ DES NOMS OU SUBSTANTIFS.

Les *noms* ou *substantifs* ont deux propriétés : le *genre* et le *nombre*.

Le genre est la propriété qu'ont les noms d'exprimer la distinction des deux sexes.

Il y a en français deux genres : le *masculin* et le *féminin*.

Le nombre est la propriété qu'ont les noms de représenter une seule chose, ou plusieurs ensemble.

Il y a deux nombres : le *singulier* et le *pluriel*.

§ 30. DES DEUX GENRES.

Le masculin sert à indiquer les noms d'hommes ou de mâles, comme un *père*, un *lion*.

Le féminin sert à indiquer les noms de femmes ou de femelles, comme une *mère*, une *lionne*.

Quant aux objets inanimés, c'est l'origine des mots, leur étymologie qui a décidé, souvent bien à tort, du genre qu'ils auraient. C'est ainsi que l'on a fait *soleil* du genre masculin, et *lune* du genre féminin.

§ 31. DES DEUX NOMBRES.

Le singulier ne désigne qu'un seul être ou un seul objet, comme le *seigneur*, le *palais*, une *ville*.

Le pluriel désigne plusieurs êtres ou plusieurs objets, comme les *seigneurs*, les *palais*, des *villes*.

Les noms propres n'ont pas de pluriel.

L'*article*, l'*adjectif*, le *pronom* et le *participe* sont également susceptibles de genres et de nombres, parce qu'ils se rapportent à des *noms* masculins ou féminins, singuliers ou pluriels.

II. — FORMATION DU PLURIEL DANS LES NOMS COMMUNS.

PREMIÈRE CLASSE.

§ 32. NOMS QUI SUIVENT LA RÈGLE GÉNÉRALE.

RÈGLE GÉNÉRALE. — Pour former le pluriel ajoutez *s* à la fin du nom.

Le *papa*, les *papas*; le *livre*, les *livres*; la *bonté*, les *bontés*; le *défi*, les *défis*; le *coco*, les *cocos*; le *reçu*, les *reçus*; le *plomb*, les *plombs*; le *croc*, les *crocs*; le *bond*, les *bonds*; l'*if*, les *ifs*; l'*étang*, les *étangs*; l'*outil*, les *outils*; l'*essaim*, les *essaims*; la *maman*, les *mamans*; le *loup*; les *loups*; le *coq*, les *coqs*; le *désir*, les *désirs*, le *port*, les *ports*.

DEUXIÈME CLASSE.

§ 33. NOMS DÉTERMINÉS PAR *s*, *x*, *z*.

Dans les noms terminés au singulier pas *s*, *x*, *z*, on n'ajoute rien au pluriel.

Le *fils*, les *fils*; la *voix*, les *voix*; le *nez*, les *nez*; le *héros*, les *héros*; le *marquis*, les *marquis*; le *choix*, les *choix*; le *bois*, les *bois*; le *tas*, les *tas*; la *brebis*, les *brebis*; le *pois*, les *pois*; l'*amas*, les *amas*; la *croix*, les *croix*.

TROISIÈME CLASSE.

§ 34. NOMS EN *au*, *eu*, *ou*.

RÈGLE. — Les noms terminés au singulier par *au*, *eu*, et huit noms en *ou*, prennent *x* au lieu d'*s* au pluriel.

La lettre *x* est composée de *gz* ou *cs*; on prononce *exemple*, *axe*, comme si l'on écrivait en deux parties *eg-zemple*, *ac-se*.

Concluons que la formation du pluriel par *x* se rapporte à la formation du pluriel par *s*.

L'*étau*, les *étaux*; le *gâteau*, les *gâteaux*; le *jeu*, les *jeux;* le *feu,* les *feux.* Il faut en excepter le mot *bleu,* qui fait au pluriel *bleus.*

Le *genou,* les *genoux;* le *hibou,* les *hiboux;* le *bijou,* les *bijoux;* le *caillou,* les *cailloux;* le *chou,* les *choux;* le *joujou,* les *joujoux;* le *verrou,* les *verroux;* le *pou,* les *poux.*

Les autres noms en *ou* suivent la règle générale de la formation du pluriel par *s.*

QUATRIÈME CLASSE.

§ 35.   NOMS EN *al, ail.*

RÈGLE. — Dans la plupart des noms terminés au singulier par *al, ail,* on forme le pluriel par *aux.*

Le *mal,* les *maux;* le *cheval,* les *chevaux;* le *travail,* les *travaux.*

Ail (espèce d'oignon) conserve *l;* car on dit au pluriel *aulx. Bétail* fait au pluriel *bestiaux.* Mais les mots *régal, bal, détail, éventail, portail, gouvernail, camail, épouvantail, attirail,* suivent la règle générale de la formation du pluriel. *Travail* prend quelquefois *s.*

Aïeul, ciel, œil, font au pluriel *aïeux, cieux, yeux.* Cependant un dit des *œils-de-bœuf,* des *ciels de lit.*

III. — OBSERVATIONS.

§ 36.   NOMS EN *eur, ir, our, té, tié.*

Dans les noms en *eur, ir, our, té* et *tié,* on ne met point généralement d'*e* muet à la fin du mot.

Bonheur.	Plaisir.	Amour.	Piété.	Amitié.
Douceur.	Désir.	Jour.	Sainteté.	Inimitié.
Candeur.	Souvenir.	Atour.	Activité.	Pitié.

§ 37.   NOMS EN *eau, al, ail.*

Les noms en *eau* au singulier conservent l'*e* au pluriel; mais les noms en *al, ail,* ne le prennent jamais.

On écrit avec un *e* les *chapeaux,* les *bateaux,* les *vaisseaux,* les *tonneaux,* les *agneaux,* les *pruneaux,* parce que ces noms ont le singulier en *eau*. Mais on écrit sans *e* les *fanaux*, les *canaux*, les *amiraux*, les *généraux*, les *caporaux*, les *arsenaux*, parce qu'ils ont le singulier en *al*. On écrit également sans *e* les *soupiraux*, les *baux*, les *coraux*, les *émaux*, parce que le singulier est en *ail*.

CHAPITRE II.

DE L'ARTICLE.

§ 38. DÉFINITION DE L'ARTICLE.

L'article est une espèce d'adjectif qu'on met devant les noms communs.

L'article n'exprime rien par lui-même, mais il donne aux noms communs un *sens déterminé*.

Quand je dis : *La mère aime le fils*, l'article placé devant les noms *mère* et *fils* fait entendre une mère particulière, un fils particulier dont on a déjà parlé.

Notre article est *le*, *la*, *les*.

§ 39. DE L'ARTICLE *le*, *la*, *les*.

Le, *la*, *les*, font connaître le genre et le nombre des noms.

Le indique un nom du genre masculin et du nombre singulier : *le père*.

La indique un nom du genre féminin et du nombre singulier : *la mère*.

Les marque un nom qui est au nombre pluriel, soit du genre masculin, soit du genre féminin : *les pères*, *les mères*.

§ 40. DU GENRE ET DU NOMBRE DANS LES NOMS.

On connaît qu'un nom est du genre masculin et du

nombre singulier, quand on peut mettre *le* devant ce nom.

Ainsi *jeu* est du genre masculin et du nombre singulier, parce qu'on dit *le jeu.*

On connaît qu'un nom est du genre féminin et du nombre singulier, quand on peut mettre *la* devant ce nom.

Ainsi *plume* est du genre féminin et du nombre singulier, parce qu'on dit *la plume.*

On connaît qu'un nom est du nombre pluriel, quand on peut mettre *les* devant ce nom.

Ainsi *cieux* est du nombre pluriel, parce qu'on dit *les cieux.*

On s'assure du genre d'un nom qui est au pluriel en remontant au nombre singulier. Par exemple, je saurai que *les pères* sont du genre masculin, parce qu'on dit au nombre singulier *le père;* je saurai que *les mères* sont du genre féminin, parce qu'on dit au nombre singulier *la mère.*

§ 41. DE L'ARTICLE COMPOSÉ *du, au, des, aux.*

L'*article composé* est celui qui est formé de la réunion de l'article *le, la, les,* et d'une des prépositions *de* ou *à.*

On met *du* pour *de le,* devant un nom masculin singulier qui commence par une consonne ou une *h* aspirée.

On met *au* pour *à le.*

De les se changent en *des,* devant un nom pluriel, soit masculin, soit féminin.

À les se changent en *aux.*

Masculin singulier.

Le prince.	*Le* héros.
Du prince, pour *de le* prince.	*Du* héros, pour *de le* héros.
Au prince, pour *à le* prince.	*Au* héros, pour *à le* héros.

Masculin pluriel.

Les princes.	*Les* héros.
Des princes, pour *de les* princes.	*Des* héros, pour *de les* héros.
Aux princes, pour *à les* princes.	*Aux* héros, pour *à les* héros.

Féminin pluriel.

Les reines.
Des reines, pour *de les* reines.
Aux reines, pour *à les* reines.

Les haines.
Des haines, pour *de les* haines.
Aux haines, pour *à les* haines.

§ 42.   DE L'APOSTROPHE DEVANT LES NOMS.

On retranche *e* dans le mot *le*, et *a* dans le mot *la*, quand le mot qui suit l'article commence par un voyelle ou une *h* muette.

On met à la place de la lettre supprimée cette petite figure ('), dont nous avons déjà parlé, et qu'on nomme *apostrophe*.

Devant un nom masculin qui commence par une voyelle ou une *h* muette, on conserve les prépositions *de* et *à*, et l'article avec l'apostrophe.

Masculin singulier.

*L'*argent, pour *le* argent.
*De l'*argent, pour *de le* argent.
*A l'*argent, pour *à le* argent.

*L'*habit, pour *le* habit.
*De l'*habit, pour *de le* habit.
*A l'*habit, pour *à le* habit.

Féminin singulier.

*L'*amitié, pour *la* amitié.
*De l'*amitié, pour *de la* amitié.
*A l'*amitié, pour *à la* amitié.

*L'*horloge, pour *la* horloge.
*De l'*horloge, pour *de la* horloge.
*A l'*horloge, pour *à la* horloge.

§ 43.   ARTICLE *la* EMPLOYÉ SANS APOSTROPHE.

De et *à* ne se changent jamais devant *la*, lorsque le mot suivant commence par une consonne ou une *h* aspirée.

Féminin singulier.

La reine.
De la reine.
A la reine.

La France.
De la France.
A la France.

La haine.
De la haine.
A la haine.

La Hollande.
De la Hollande.
A la Hollande.

CHAPITRE III.

DE L'ADJECTIF.

I. — DE L'ADJECTIF EN GÉNÉRAL.

§ 44.　　　　DÉFINITION DE L'ADJECTIF.

L'*adjectif* est un mot que l'on ajoute au nom pour marquer la qualité d'une personne ou d'une chose. L'adjectif marque aussi l'état.

Quand je dis *bon père, bonne mère,* ces mots *bon, bonne* sont des adjectifs, parce qu'ils attribuent la qualité de *bonté* aux noms *père, mère,* auxquels ils sont joints.

Quand je dis *beau monument, belle église,* ces mots *beau, belle* sont des adjectifs, parce qu'ils attribuent la *qualité* de *beauté* aux noms *monument, église,* auxquels ils sont joints.

Mais si je dis *homme caduc, maison caduque,* ces mots *caduc, caduque* sont des adjectifs, parce qu'ils expriment l'*état* de *caducité* des noms *homme, maison,* auxquels ils sont joints.

On connaît qu'un mot est adjectif, quand on peut y ajouter l'un des mots *personne* ou *chose.*

Ainsi, *sincère, véritable,* sont des adjectifs, parce qu'on peut dire *personne sincère, chose véritable.*

Les adjectifs ont les deux genres, le *masculin* et le *féminin.*

Cette différence de genres se marque par la voyelle *e,* qu'on ajoute au féminin.

II. — FORMATION DU FÉMININ DANS LES ADJECTIFS.

PREMIÈRE CLASSE.

§ 45. ADJECTIFS QUI SUIVENT LA RÈGLE GÉNÉRALE.

RÈGLE GÉNÉRALE. — Pour former le féminin, on ajoute un *e* muet à la fin de l'adjectif.

Sensé, sensée; poli, polie; grand, grande; gris, grise; petit, petite.

Le féminin des adjectifs terminés au masculin par un *e* muet est tout à fait semblable au masculin. On dit également *homme habile, femme habile; prince charitable, princesse charitable.*

DEUXIÈME CLASSE.

§ 46. ADJECTIFS EN *ais, as, el, eil, et, ien, ol, on, os, ot, ul.*

RÈGLE. — Dans un grand nombre d'adjectifs, on double au féminin la dernière consonne avec l'*e* muet.

Epais, épaisse; gras, grasse; cruel, cruelle; pareil, pareille; muet, muette; ancien, ancienne; mol, molle; fol, folle; bon, bonne; gros, grosse; sot, sotte; nul, nulle.

Les adjectifs *beau, nouveau, vieux,* font au féminin *belle, nouvelle, vieille,* parce qu'on dit au masculin *bel, nouvel, vieil,* devant une voyelle ou une *h* muette : *bel oiseau, bel homme, nouvel appartement, vieil habit.*

Les adjectifs *fol, mol,* ont également un double masculin. On dit *fol, mol,* devant une voyelle ou une *h* muette : *fol usage, mol exercice;* et partout ailleurs, *fou, mou.*

TROISIÈME CLASSE.

§ 47. **ADJECTIFS EN** *er.*

RÈGLE. — Dans les adjectifs terminés au singulier par *er,* on forme le féminin en *ère,* c'est-à-dire en mettant avec l'*e* muet un accent grave sur l'*e* qui précède la lettre *r.*

Premier, première; dernier, dernière; singulier, singulière; particulier, particulière.

On dit et l'on écrit de même les noms en *er* qui ont les deux genres : *meurtrier, meurtrière; fermier, fermière; boulanger, boulangère; fruitier, fruitière.*

QUATRIÈME CLASSE.

§ 48.   ADJECTIFS EN *eur, eux.*

RÈGLE. — Dans les adjectifs terminés au singulier par *eur, eux*, on forme le féminin en *euse*, c'est-à-dire qu'ils changent la dernière consonne en *s* devant l'*e* muet.

1º. Trompeur,	Flatteur,	Menteur,	Querelleur,
Trompeuse.	Flatteuse.	Menteuse.	Querelleuse.
2º. Heureux,	Vertueux,	Pieux,	Précieux,
Heureuse.	Vertueuse.	Pieuse.	Précieuse.

Nota. Il y a des adjectifs en *eur* qui forment leur féminin selon la règle générale : *majeur, majeure; mineur, mineure; meilleur, meilleure; supérieur, supérieure; inférieur, inférieure*, et les autres adjectifs en *érieur.*

Quelques substantifs en *eur* suivent la règle ci-dessus :

Parleur,	Chanteur,	Danseur,	Sauteur,
Parleuse.	Chanteuse.	Danseuse.	Sauteuse.

D'autres forment leur féminin irrégulièrement :

1º. Acteur,	Tuteur,	Protecteur,	Lecteur,
Actrice.	Tutrice.	Protectrice.	Lectrice.
2º. Pécheur,	Vendeur,	Chasseur,	Vengeur,
Pécheresse.	Venderesse.	Chasseresse.	Vengeresse.

CINQUIÈME CLASSE.

§ 49.   ADJECTIFS TERMINÉS PAR *f.*

RÈGLE. — Dans les adjectifs terminés au masculin par la consonne *f*, on forme le féminin en changeant *f* en *v*, et en ajoutant un *e* muet :

1º. Vif,	2º. Bref,	3º. Neuf,
Vive.	Brève.	Neuve.

Lorsque la consonne est précédée d'un *e* muet, il faut

le marquer d'un accent grave, comme on l'a vu dans les exemples précédents, et dans les adjectifs de la troisième classe.

On met cet accent, parce qu'on ne peut prononcer deux *e* muets de suite à la fin d'un mot.

SIXIÈME CLASSE.

§ 50. ADJECTIFS TERMINÉS PAR LES CONSONNES *c, s, n, g.*

RÈGLE. — Les adjectifs *blanc, franc, sec, frais* font au féminin *blanche, franche, sèche, fraîche; public, caduc, turc, grec* font au féminin, *publique, caduque, turque, grecque; malin, bénin,* font *maligne, bénigne; long* fait *longue.*

Concluons : 1° Que les adjectifs terminés au masculin par la consonne *c* font leur féminin en *che* ou en *que;* 2° que les adjectifs terminés au masculin par *n* le font en *gne;* 3° que les adjectifs terminés au masculin par *g* le font en *gue.*

III.—FORMATION DU PLURIEL DANS LES ADJECTIFS.

§ 51.   ADJECTIFS DES QUATRE CLASSES.

Le pluriel, dans les adjectifs, se forme comme dans les noms.

Il y a des adjectifs dont la formation du pluriel se rapporte aux quatre classes des noms (1).

PREMIÈRE CLASSE.

RÈGLE GÉNÉRALE. — Le pluriel dans les adjectifs se forme en ajoutant *s* à la fin du mot :

Sing.	Un homme *savant.*	Une femme *savante.*
Plur.	Des hommes *savants.*	Des femmes *savantes.*

---

(1) On supprime le *t* au pluriel masculin dans l'adjectif *tout.* Ex. : Tous *les hommes.*

DEUXIÈME CLASSE.

RÈGLE. — Dans les adjectifs terminés par *s*, *x*, on n'ajoute rien au pluriel masculin :

Sing. Le brouillard *épais.*   Le ministre *généreux.*
Plur. Les brouillards *épais.*   Les ministres *généreux.*

TROISIÈME CLASSE.

RÈGLE. — Dans les adjectifs terminés en *eau* on met *x* au pluriel masculin.

Sing. Un *beau* palais.   Le livre *nouveau.*
Plur. De *beaux* palais.   Les livres *nouveaux.*

QUATRIÈME CLASSE.

RÈGLE. — Dans les adjectifs terminés par *al*, on forme le pluriel masculin par *aux* :

Sing. Égal.   Moral.   Original.   Trivial.   Brutal.
Plur. Égaux.   Moraux.   Originaux.   Triviaux.   Brutaux.

Il y a des adjectifs en *al* qui suivent la règle générale ; d'autres qui n'ont point encore de pluriel masculin, comme *frugal, vénal, naval, filial, final,* etc.

IV. — DES DIFFÉRENTES SORTES D'ADJECTIFS.

§ 52.   DISTRIBUTION.

Les adjectifs dont nous avons parlé jusqu'ici se nomment *qualificatifs,* c'est-à-dire qui marquent la qualité des noms substantifs.

Ceux dont il nous reste à parler se nomment *déterminatifs,* c'est-à-dire qui se joignent au nom substantif pour en déterminer la signification.

Les adjectifs *déterminatifs* se divisent en six classes, savoir : les adjectifs *numéraux,* les adjectifs *démonstratifs,* les adjectifs *possessifs,* les adjectifs *relatifs* ou *conjonctifs,* les adjectifs *interrogatifs,* et les adjectifs *indéfinis.*

PREMIÈRE CLASSE.

§ 53.   DES ADJECTIFS NUMÉRAUX.

Les adjectifs *numéraux* sont ceux qui indiquent le nombre ou l'ordre.

Ils déterminent la signification du nom par l'idée même de nombre ou d'ordre qu'ils y ajoutent.

Il y en a de deux sortes : les adjectifs numéraux *cardinaux* et les adjectifs numéraux *ordinaux*.

Les adjectifs numéraux cardinaux expriment le nombre.

Ce sont : *un, deux, trois, quatre, cinq, six, sept, huit, neuf, dix, onze, douze, treize, quatorze, quinze, seize, dix-sept, dix-huit, dix-neuf, vingt, trente, quarante, cinquante, soixante, soixante-dix, quatre-vingt, quatre-vingt-dix, cent, mille,* etc.

Les adjectifs numéraux ordinaux, expriment l'ordre, le rang.

Ce sont : *premier, second, troisième, quatrième, cinquième, sixième, septième, huitième, neuvième, dixième, vingtième, trentième, centième, millième,* etc.

DEUXIÈME CLASSE.

§ 54.   DES ADJECTIFS DÉMONSTRATIFS.

Les adjectifs *démonstratifs* sont ceux qui servent à montrer les êtres ou les objets dont on parle. Quand je dis *ce soldat, cette table,* je montre un soldat, une table.

Ils déterminent la signification du nom par l'idée même d'indication qu'ils y attachent.

Ces adjectifs sont :

SINGULIER.		PLURIEL.
Masculin.	*Féminin.*	*Des deux genres.*
Ce, cet.	Cette.	Ces.

On met *ce* devant les noms qui commencent par une consonne ou une *h* aspirée *: ce corbeau, ce hérisson.*

On met *cet* devant les noms qui commencent par une voyelle ou une *h* muette : *cet oiseau, cet hameçon.*

§ 55. AUTRES ADJECTIFS DÉMONSTRATIFS.

Il y a des adjectifs démonstratifs avec lesquels on supprime le nom.

Ces adjectifs sont :

SINGULIER.		PLURIEL.	
Masculin.	*Féminin.*	*Masculin.*	*Féminin.*
Celui.	Celle.	Ceux.	Celles.
Celui-ci.	Celle-ci.	Ceux-ci.	Celles-ci.
Celui-là.	Celle-là.	Ceux-là.	Celles-là.
Ce, ceci, cela.			

Celui-ci, celle-ci, s'emploient pour marquer les choses qui sont proches.

Celui-là, celle-là, s'emploient pour marquer les choses qui sont éloignées.

TROISIÈME CLASSE.

§ 56. DES ADJECTIFS POSSESSIFS.

Les adjectifs *possessifs* sont ceux qui servent à marquer la possession des êtres ou des objets dont on parle. Quand je dis : *mon livre, ton cheval, son chapeau,* c'est comme si je disais : *le livre* QUI EST A MOI, *le cheval* QUI EST A TOI, *le chapeau* QUI EST A LUI.

Ils déterminent la signification du nom par l'idée même de possession qu'ils y ajoutent.

Ces adjectifs sont :

SINGULIER.		PLURIEL.
Masculin.	*Féminin.*	*Des deux genres.*
Mon.	Ma.	Mes.
Ton.	Ta.	Tes.
Son.	Sa.	Ses.
Des deux genres.		
Notre.		Nos.
Votre.		Vos.
Leur.		Leurs.

Mon, ton, son s'emploient au lieu de *ma, ta, sa,* lorsque le nom féminin qui suit commence par une voyelle ou une *h* muette.

. On dit MON *âme* pour MA *âme,* TON *humeur* pour TA *humeur,* SON *épée* pour SA *épée.*

§ 57.   AUTRES ADJECTIFS POSSESSIFS.

Il y a des adjectifs possessifs avec lesquels on supprime le nom.

Ces adjectifs sont :

	SINGULIER.		PLURIEL.
Masculin.	*Féminin.*	*Masculin.*	*Féminin.*
Le mien.	La mienne.	Les miens.	Les miennes.
Le tien.	La tienne.	Les tiens.	Les tiennes.
Le sien.	La sienne.	Les siens.	Les siennes.

Des deux genres.

Le nôtre.	La nôtre.	Les nôtres.
Le vôtre.	La vôtre.	Les vôtres.
Le leur.	La leur.	Les leurs.

QUATRIÈME CLASSE.

§ 58.   DES ADJECTIFS RELATIFS *ou* CONJONCTIFS.

Les adjectifs *relatifs* ou *conjonctifs* sont ceux qui marquent une relation, un rapport avec le nom ou pronom qui précède, et qui servent à y joindre un membre de phrase particulier.

Ils déterminent la signification du nom par l'idée de relation qu'ils y ajoutent.

Ces adjectifs sont :

1°. *Qui, que, quoi, dont* ou *de qui,* tous des deux genres et des deux nombres.

2°.	SINGULIER.		PLURIEL.
Masculin.	*Féminin.*	*Masculin.*	*Féminin.*
Lequel.	Laquelle.	Lesquels.	Lesquelles.

On appelle *antécédent* le mot auquel l'adjectif relatif se rapporte.

Dans cette phrase : DIEU *qui a créé le monde, Dieu* est l'antécédent de l'adjectif relatif *qui,* parce que c'est au mot *Dieu* que l'adjectif *qui* se rapporte.

Dans cette autre phrase : *Le* LIVRE *que je lis, livre* est l'antécédent de l'adjectif relatif *que*, parce que c'est au mot *livre* que l'adjectif *que* se rapporte.

Dans cette troisième phrase : CE *à quoi vous songez*, *ce* est l'antécédent de l'adjectif relatif *quoi*, parce ue c'est au *mot* CE que l'adjectif *quoi* se rapporte.

On connaît le genre et le nombre de ces adjectifs en mettant à leur place l'adjectif *lequel, laquelle, lesquels, lesquelles.*

§ 59.   REMARQUES SUR L'ADJECTIF RELATIF *lequel, laquelle, lesquels, lesquelles.*

1°. On dit *duquel* pour *de lequel*, *auquel* pour *à lequel, auxquels* pour *à lesquels, auxquelles* pour *à lesquelles.*

L'homme DUQUEL *je parle*, pour DE LEQUEL *je parle.*

Le plaisir AUQUEL *je me livre*, pour A LEQUEL *je me livre.*

Mes amis AUXQUELS *j'écris*, pour A LESQUELS *j'écris.*

Les personnes AUXQUELLES *vous vous fiez*, pour A LES-QUELLES *vous vous fiez.*

2°. On se sert aussi de *dont* ou *de qui* pour *duquel, de laquelle, desquels, desquelles.*

Dieu DONT *nous admirons la providence*, pour DU-QUEL....

La femme DONT *vous faites l'éloge*, pour DE LA-QUELLE....

Les exploits DONT *nous lisons le récit*, pour DES-QUELS....

Les merveilles DONT *nous fûmes témoins*, pour DES-QUELLES....

Le juge DE QUI *vous êtes parent*, pour DUQUEL....

Nos cousines DE QUI *nous sommes attendus*, pour DES-QUELLES....

CINQUIÈME CLASSE.

§ 60.   ADJECTIFS INTERROGATIFS.

Les adjectifs *interrogatifs* sont ceux qui servent à interroger.

Ces adjectifs sont : *Qui, que, quoi, quel, quelle.*

On connaît que les adjectifs *qui, que, quoi* sont interrogatifs, quand ils n'ont point d'antécédent, et qu'on peut les tourner par *quelle personne* ou *quelle chose.*

Ils déterminent la signification du nom, exprimé ou sous-entendu, par l'idée même d'interrogation qu'ils y ajoutent.

Qui *a fait cela?* Que *vous dirai-je?* A quoi *pensez-vous?*

Dans ces phrases, *qui, que, quoi* sont des adjectifs interrogatifs; car on peut dire : Quelle personne *a fait cela?* Quelle chose *vous dirai-je?* A quelle chose *pensez-vous?*

SIXIÈME CLASSE.

§ 61. DES ADJECTIFS INDÉFINIS.

Les adjectifs *indéfinis* sont ceux qui donnent au nom une signification générale, comme *chaque passant, nul homme, tel individu.*

Ils déterminent la signification du nom par l'idée même de généralité qu'ils y ajoutent.

Ces adjectifs sont : *Quelque, chaque, nul, aucun, plusieurs, tel, tout, quelconque, même, autre.*

§ 62. AUTRES ADJECTIFS INDÉFINIS.

Il y a des adjectifs indéfinis avec lesquels on supprime le nom.

Ces adjectifs sont : *Quelqu'un, chacun, nul, aucun, plusieurs, tel, tout, quiconque, on, personne, autrui, l'un l'autre, l'un et l'autre, l'un ou l'autre, ni l'un ni l'autre.*

Quelqu'un *vous appelle.*

Chacun *ne pense pas de même.*

Nul *d'entre eux n'échappa.*

Aucun *ne partira sans bon ordre.*

Plusieurs *sont venus.*

Tel *qui rit vendredi, dimanche pleurera.*

Tout *lui réussit.*

Quiconque *travaille, mérite un salaire.*

On *vous cherche.*

PERSONNE *ne vient au-devant de nous.*

Ne faites pas à AUTRUI *ce que vous ne voudriez* **pas** *qu'on vous fît.*

V.—DEGRÉS DE SIGNIFICATION DANS LES ADJECTIFS.

On distingue dans les adjectifs trois degrés de signification : le *positif*, le *comparatif* et le *superlatif*.

§ 63.   DU POSITIF.

Le positif n'est autre chose que l'adjectif même, comme *beau, glorieux, savant.* C'est le premier degré de signification.

§ 64.   DU COMPARATIF.

Le comparatif est l'adjectif avec comparaison. C'est le second degré de signification.

Quand on compare deux choses, on trouve que l'une est, ou supérieure à l'autre, ou inférieure à l'autre, ou égale à l'autre. De là trois sortes de comparatifs : le comparatif de *supériorité,* le comparatif d'*infériorité,* et le comparatif d'*égalité.*

Pour marquer un comparatif de supériorité, on met *plus* devant l'adjectif, comme *le soleil est* PLUS *brillant que la lune.*

Pour marquer un comparatif d'infériorité, on met *moins* devant l'adjectif, comme *la lune est* MOINS *brillante que le soleil.*

Pour marquer un comparatif d'égalité, on met *aussi* devant l'adjectif, comme *la tulipe est* AUSSI *belle que la rose.*

Le mot *que* sert à joindre les deux choses que l'on compare.

Il y a trois adjectifs qui expriment seuls une comparaison :

Meilleur, au lieu de *plus bon,* qui ne se dit pas; *moindre,* au lieu de *plus petit; pire,* au lieu de *plus mauvais.*

La vertu est MEILLEURE *que la science.*

Nos talents sont MOINDRES *que les vôtres.*
La mort est PIRE *que les maux.*

§ 65.   DU SUPERLATIF.

Le *superlatif* exprime la qualité de l'adjectif dans un très-haut degré, ou dans le plus haut degré, soit en plus, soit en moins.

Il y a deux sortes de superlatifs : le superlatif *absolu* et le superlatif *relatif.*

Le superlatif absolu, qui se forme en mettant *très, bien, fort, extrêmement, infiniment* devant l'adjectif, n'indique aucune idée de comparaison.

La charité est une TRÈS-*belle vertu.*
Cet enfant est BIEN *honnête.*
Vous êtes FORT *estimable.*
La chaleur est EXTRÊMEMENT *grande.*
Dieu est INFINIMENT *bon.*

Le superlatif *relatif* se forme en mettant *le, la, les, mon, ton, son, notre, votre, leur,* devant *plus, moins,* suivis d'un adjectif, et devant *meilleur, moindre, pire.*

La baleine est LE PLUS *gros de tous les poissons.*
Cette princesse est LA PLUS *généreuse que je connaisse.*
Ces deux élèves sont LES PLUS *sages du collége.*
Le Français est LE MIEUX *policé des Européens.*
Cette image est LA MOINS *belle de toutes celles que j'ai.*
Ces hommes sont LES MEILLEURS *de nos amis.*
C'est MON MOINDRE *souci.*
Voici NOTRE PIRE *aventure.*

CHAPITRE IV.

DU PRONOM.

§ 66.   DÉFINITION DU PRONOM.

On entend par *personnes* les divers rôles que nous jouons dans le discours.

Il y a trois personnes : la première est celle qui parle, comme *je lis ;* la deuxième est celle à qui l'on parle, comme *tu lis ;* la troisième est celle de qui l'on parle, comme *il lit.*

Le *pronom* est un mot qui indique les personnes.

§ 67.   PRONOM DE LA PREMIÈRE PERSONNE.

Les pronoms de la première personne sont :

SINGULIER.	PLURIEL.
Des deux genres.	*Des deux genres.*
Je.	
Me.	Nous.
Moi.	

Il est masculin, si c'est un homme qui parle ; il est féminin, si c'est une femme.

On dit *me* pour *à moi, moi.* On dit aussi *nous* pour *à nous.*

Mon père ME *donnera un livre,* c'est-à-dire *donnera* A MOI.

Ma mère ME *flatte,* c'est-à-dire *flatte* MOI.

§ 68.   PRONOM DE LA DEUXIÈME PERSONNE.

Les pronoms de la deuxième personne sont

SINGULIER.	PLURIEL.
Des deux genres.	*Des deux genres.*
Te.	
Tu.	Vous.
Toi.	

Il est masculin, si c'est à un homme qu'on parle ; il est féminin, si c'est à une femme.

On dit *te* pour *à toi, toi.* On dit aussi *vous* pour *à vous.*

Ton père TE *donnera un livre,* c'est-à-dire *donnera* A TOI.

Ta mère TE *flatte,* c'est-à-dire *flatte* TOI.

Par politesse, on dit *vous* au lieu de *toi* au singulier. Par exemple, en parlant à un enfant : Vous *êtes bien aimable.*

§ 69. **PRONOM DE LA TROISIÈME PERSONNE.**

Les pronoms de la troisième personne sont :

	SINGULIER.		PLURIEL.
Masculin.	*Féminin.*	*Masculin.*	*Féminin.*
Il.	Elle.	Ils *ou* eux.	Elles.

Des deux genres.

Lui.	La.	Les.
Le.		Leur.

On dit *lui* pour *à lui, à elle ;* on dit *leur* pour *à eux, à elles :*

Je LUI *plais,* c'est-à-dire *je plais* A LUI, A ELLE.

Je LEUR *plais,* c'est-à-dire *je plais* A EUX, A ELLES.

On dit *le* pour *lui, la* pour *elle, les* pour *eux, elles :*

Je LE *connais,* c'est-à-dire *je connais* LUI.

Je LA *connais,* c'est-à-dire *je connais* ELLE.

Je LES *connais,* c'est-à-dire *je connais* EUX, ELLES.

On distingue de l'article le pronom personnel *le, la, les,* en ce qu'il accompagne toujours un verbe, comme on vient de le voir dans les exemples précédents, au lieu que l'article *le, la, les,* accompagne toujours un nom substantif : *le rossignol, la fauvette, les lièvres, les tortues.*

§ 70. PRONOM RÉFLÉCHI DE LA TROISIÈME PERSONNE.

Il y a encore un pronom de la troisième personne.

On l'appelle *réfléchi.* Ce pronom est *se, soi,* parce qu'il marque le rapport d'une personne à elle-même.

Il est des deux genres.

Il est des deux nombres.

On dit *se* pour *à soi, soi :*

Cet homme SE *nuit,* c'est-à-dire *nuit* A SOI.

Cette femme SE *loue,* c'est-à-dire *loue* SOI.

Ces princes SE *succédèrent,* c'est-à-dire *succédèrent* A SOI.

Les armées SE *heurtèrent,* c'est-à-dire *heurtèrent* SOI.

§ 71. DES PRONOMS *en, y.*

En et *y* servent à indiquer les êtres ou les objets dont on vient de parler.

En signifie *de lui, d'elle, d'eux, d'elles.*

Quand je dis *j'*EN *parle,* on peut entendre *je parle de lui, d'elle, d'eux, d'elles,* selon la personne ou la chose dont le nom a été exprimé auparavant.

Y signifie *à ceci, à cela.*

Quand on dit *je m'*Y *applique,* c'est comme si l'on disait *je m'applique* A CECI, A CELA.

§ 72.   **EMPLOI DU PRONOM.**

Le pronom sert à éviter la répétition d'un mot.
Paul étudie, IL *sera récompensé.*

Dans cette phrase, le pronom *il* tient la place du mot *Paul,* car c'est comme si l'on disait :
Paul étudie, PAUL *sera récompensé.*

C'est ce qui a fait dire que le pronom tient la place du nom.

CHAPITRE V.

DU VERBE.

I. — DU VERBE EN GÉNÉRAL.

§ 73.   **DÉFINITION DU VERBE.**

Le *verbe* est un mot dont on se sert pour affirmer que l'on *est* ou que l'on *fait quelque chose,* c'est-à-dire l'existence ou l'*action* des personnes et des choses.

Ainsi, le mot *être,* je *suis,* est un verbe; le mot *lire,* je *lis,* est un verbe.

On connaît qu'un mot est verbe en français quand on peut y ajouter les pronoms *je, tu, il, nous, vous, ils,* comme *je lis, tu lis, il lit, nous lisons, vous lisez, ils lisent.*

§ 74. DU SUJET, DE L'ATTRIBUT ET DU COMPLÉMENT.

On entend par *sujet* la personne ou la chose dont le verbe affirme l'existence, et par *attribut* la manière d'être du sujet :

DIEU *est* JUSTE.

La réunion de ces trois idées forme un *jugement*, tant qu'elles restent dans l'esprit. Une fois qu'elles sont énoncées par des mots, le jugement devient *proposition*.

On entend encore par *sujet* la personne ou la chose dont le verbe affirme l'action, et par *complément* ou *régime* (1) la personne ou la chose sur laquelle tombe cette action :

DIEU *gouverne le* MONDE.

§ 75.   DES NOMBRES.

Il y a dans les verbes deux nombres : le *singulier*, quand le sujet est singulier, comme J'*aime*, TU *aimes*, IL *aime;* le *pluriel*, quand le sujet est pluriel, comme NOUS *aimons*, VOUS *aimez*, ILS *aiment*.

§ 76.   DES PERSONNES.

Nous avons vu, en parlant des pronoms, ce qu'on entend par *personnes*.

Les verbes ont trois personnes au singulier et trois au pluriel.

Je, nous marquent la première personne, c'est-à-dire celle qui parle ; *tu, vous* marquent la deuxième personne, c'est-à-dire celle à qui l'on parle ; *il, elle, ils, elles* et tout nom placé devant un verbe marquent la troisième personne, c'est-à-dire celle de qui l'on parle.

§ 77.   DES TEMPS.

Il y a trois temps : le *présent*, le *passé*, le *futur*.

Le présent marque que la chose *est* ou *se fait* dans le moment où l'on parle, comme JE LIS.

---

(1) Le mot *complément* vient de *compléter;* le mot *régime*, de *régir*. Le premier veut dire *qui complète le sens;* le second, *qui est sous la dépendance de....*

2.

Le passé marque que la chose *a été faite,* comme
J'AI LU.

Le futur marque que la chose *sera* ou *se fera,* comme
JE LIRAI.

On les nomme temps *principaux.*

§ 78.   NUANCES DU PASSÉ.

On entend par *nuances d'un temps* les différentes circonstances dans lesquelles on peut le considérer.

Le *passé* ou *parfait* a cinq nuances, formées par *l'imparfait,* le *parfait défini,* le *parfait indéfini,* le *parfait
antérieur* et le *plus-que-parfait.*

1°. L'imparfait exprime une action actuellement passée, mais qui était présente quand une autre s'est faite :
JE LISAIS *lorsqu'on m'a appelé.*

2°. Le parfait défini exprime une action passée dans
un temps entièrement écoulé, dans un temps *défini,* déterminé : JE LUS *hier.*

3°. Le parfait indéfini exprime une action passée
dans un temps dont il reste encore quelque chose à s'é-
couler, dans un temps *indéfini,* indéterminé : J'AI LU
aujourd'hui.

4°. Le parfait antérieur exprime une action qui a eu
lieu avant un autre dans un temps passé, une action
antérieure à une autre action passée : *Lorsque* J'EUS LU
ma leçon, je la récitai (1).

Le plus-que-parfait exprime une action comme déjà
passée, quand une autre, passée elle-même, a eu lieu :
J'AVAIS LU *quand vous êtes arrivé.*

On appelle ce temps *plus-que-parfait,* parce qu'il désigne une action en quelque sorte doublement passée,
c'est-à-dire faite dans un temps *plus que passé.*

§ 79.   NUANCE DU FUTUR.

Le *futur* n'a qu'une seule nuance, formée par le *futur antérieur.*

Le futur antérieur indique une action qui doit avoir

____

(1) Il y a deux *parfaits antérieurs* : l'un simple ou défini, l'autre composé
ou indéfini. On dit : *Lorsque* J'EUS LU *hier ;* et, *Lorsque* J'AI EU LU *ce matin.*

lieu *antérieurement* à une autre dans un temps à venir : Lorsque J'AURAI LU, *j'irai me promener.*

§ 80. DES MODES.

Mode veut dire *manière de conjuguer.*

Les modes sont des dépendances des temps, et ils en expriment les circonstances.

Il y a six modes : l'*indicatif*, le *conditionnel*, l'*impératif*, le *subjonctif*, l'*infinitif*, le *participe.*

1°. L'indicatif affirme d'une manière positive, comme J'AIME, J'AI AIMÉ, J'AIMERAI.

2°. L'impératif ajoute à la signification du verbe l'idée d'un commandement : AIMEZ *Dieu.*

3°. Le subjonctif joint à la signification du verbe une idée de subordination à quelque verbe précédent : *La religion ordonne que nous* AIMIONS *Dieu.*

4°. Le conditionnel ajoute à la signification du verbe l'idée d'une condition : J'AIMERAIS *cet enfant s'il était sage.*

5°. L'infinitif exprime l'existence ou l'action, sans déterminer ni les nombres ni les personnes, comme AIMER.

6°. Le participe exprime une qualité ou une manière d'être, comme AIMANT, AIMÉ.

On appelle *mode personnel* celui qui admet des personnes, et *mode impersonnel,* celui qui n'en admet point.

§ 81. DES MODIFICATIONS DU VERBE.

Les *modifications* du verbe ne sont rien autre chose que des *variations* ou *changements* de formes.

Le verbe, d'après ce que nous venons de voir, admet quatre sortes de modifications.

La première est la modification de *nombres,* c'est-à-dire, la forme que prend le verbe pour indiquer les nombres.

La deuxième est la modification de *personnes,* c'est-à-dire la forme que prend le verbe pour indiquer les per-

sonnes. Cette modification est marquée par les lettres
finales : *Je li* s, *tu li* s, *il li* t.

La troisième est la modification de *temps*, c'est-à-dire
la forme que prend le verbe pour indiquer les *temps*.

La quatrième est la modification de *modes*, c'est-à-
dire la forme que prend le verbe pour indiquer les
modes.

Enoncer de suite ces diverses modifications, s'appelle
conjuguer.

§ 82.   RADICAL ET TERMINAISON.

Il est très-important de distinguer dans les verbes
français le *radical* et la *terminaison*. Ils existent l'un et
l'autre dans tous les modes et dans tous les temps, et il
est presque impossible de faire un verbe sans cette distinction.

Le radical est la partie du mot qui demeure invariable.

La terminaison est destinée à faire connaître les diffé-
rences de nombres, de personnes, de temps, de modes.
Or, elle doit varier, selon que l'on veut exprimer tel ou
tel temps, tel ou tel mode.

Ainsi dans *j'aime*, *aim* est le radical : on le retrou-
vera dans tous les temps et dans tous les modes du verbe.
La terminaison est *e*, qui indique à la fois le temps présent, le nombre singulier, la première personne, le mode
indicatif.

II. — VERBE *AVOIR*.

§ 83.   DÉFINITION DU VERBE AUXILIAIRE.

Le verbe *auxiliaire* est celui qui aide à conjuguer les
autres. *Auxiliaire* vient d'un mot latin qui veut dire *secours*.

Nous avons deux verbes auxiliaires : *avoir* et *être*.

Le verbe auxiliaire *avoir* est celui qu'on doit étudier
avant les autres verbes, puisqu'il sert à en conjuguer la
plus grande partie, et même le verbe *être*.

§ 84. **DES TEMPS SIMPLES ET DES TEMPS COMPOSÉS.**

Les temps se divisent en temps *simples* et en temps *composés.*

Les temps simples d'un verbe sont ceux où il n'entre que le verbe lui-même : *j'aime, j'aimais, j'aimai,* etc.

Les temps composés sont ceux qui prennent un des deux auxiliaires : *j'ai aimé, j'avais aimé ; je suis arrivé, j'étais arrivé.*

Les temps simples sont :

1°. Le présent de l'indicatif,
2°. Le présent du conditionnel,
3°. Le présent du subjonctif,
4°. Le présent de l'impératif,
5°. Le présent de l'infinitif,
6°. Le participe présent,
7°. Le participe passé,
8°. L'imparfait de l'indicatif,
9°. L'imparfait du subjonctif,
10°. Le parfait défini de l'indicatif,
11°. Le futur de l'indicatif.

Les temps composés sont :

1°. Le parfait indéfini de l'indicatif,
2°. Le parfait du subjonctif,
3°. Le parfait de l'infinitif,
4°. Le plus-que-parfait de l'indicatif,
5°. Le plus-que-parfait du subjonctif,
6°. Le parfait antérieur de l'indicatif,
7°. Le futur antérieur de l'indicatif,
8°. Le conditionnel passé,
9°. Le participe passé.

Il y a donc onze temps simples et neuf temps composés, non compris le participe futur, qui n'est que le présent de l'infinitif précédé du participe présent du verbe *devoir.*

§ 85. CONJUGAISON DU VERBE AUXILIAIRE *AVOIR*.

INDICATIF.

PRÉSENT.

J'ai.
Tu as.
Il *ou* elle a.
Nous avons.
Vous avez.
Ils *ou* elles ont.

IMPARFAIT.

J'avais.
Tu avais.
Il avait.
Nous avions.
Vous aviez.
Ils avaient.

PARFAIT DÉFINI.

J'eus.
Tu eus.
Il eut.
Nous eûmes.
Vous eûtes.
Ils eurent.

PARFAIT INDÉFINI.

J'ai eu.
Tu as eu.
Il a eu.
Nous avons eu.
Vous avez eu.
Ils ont eu.

PARFAIT ANTÉRIEUR.

J'eus eu.
Tu eus eu.
Il eut eu.
Nous eûmes eu.
Vous eûtes eu.
Ils eurent eu.

PLUS-QUE-PARFAIT.

J'avais eu.
Tu avais eu.
Il avait eu.
Nous avions eu.
Vous aviez eu.
Ils avaient eu.

FUTUR.

J'aurai.
Tu auras.
Il aura.
Nous aurons.
Vous aurez.
Ils auront.

FUTUR ANTÉRIEUR.

J'aurai eu.
Tu auras eu.
Il aura eu.
Nous aurons eu.
Vous aurez eu.
Ils auront eu.

CONDITIONNEL.

PRÉSENT.

J'aurais.
Tu aurais.
Il aurait.
Nous aurions.
Vous auriez.
Ils auraient.

PARFAIT.

J'aurais eu.
Tu aurais eu.
Il aurait eu.
Nous aurions eu.
Vous auriez eu.
Ils auraient eu.

On dit aussi : *J'eusse eu, tu eusses eu, il eût eu, nous eussions eu, vous eussiez eu, ils eussent eu.*

IMPÉRATIF.

PRÉSENT.

Aie.
Ayons.
Ayez.

SUBJONCTIF.

PRÉSENT.

Que j'aie.
Que tu aies.
Qu'il ait.
Que nous ayons.
Que vous ayez.
Qu'ils aient.

IMPARFAIT.

Que j'eusse.
Que tu eusses.
Qu'il eût.
Que nous eussions.
Que vous eussiez.
Qu'ils eussent.

PARFAIT INDÉFINI.

Que j'aie eu.
Que tu aies eu.
Qu'il ait eu.
Que nous ayons eu.
Que vous ayez eu.
Qu'ils aient eu.

PLUS-QUE-PARFAIT.

Que j'eusse eu.
Que tu eusses eu.
Qu'il eût eu.
Que nous eussions eu.
Que vous eussiez eu.
Qu'ils eussent eu.

INFINITIF.

PRÉSENT.

Avoir.

PARFAIT INDÉFINI.

Avoir eu.

PARTICIPES.

PRÉSENT.

Ayant.

PARFAIT DÉFINI.

Eu, eue.

PARFAIT INDÉFINI.

Ayant eu.

III. — DU SUBSTANTIF *ÊTRE* (1).

§ 86. **DÉFINITION DU VERBE SUBSTANTIF.**

Ce verbe s'appelle *substantif,* parce qu'il est le seul qui *subsiste* par lui-même, et qui exprime l'existence. Il est, à proprement parler. le seul verbe qui existe; car c'est lui qui sert à former tous les autres. Quand je dis *j'aime,* c'est comme si je disais JE SUIS *aimant;* quand je dis *je lis,* c'est comme si je disais JE SUIS *lisant.*

---

(1) Le verbe *être* n'est auxiliaire que lorsqu'il sert à conjuguer un autre verbe.

§ 87.   DÉFINITION DES VERBES ATTRIBUTIFS.

Les verbes *je lis*, *j'aime*, renferment donc en eux-mêmes l'idée du verbe *être* et celle de leur propre participe; ils contiennent l'idée de l'existence et celle d'un attribut. C'est pour cette raison qu'on appelle *verbes adjectifs* ou *attributifs* tous les verbes, excepté *être*.

§ 88.   OBSERVATIONS.

L'idée du participe, c'est-à-dire l'idée de l'*attribut*, qui est invariable, est exprimée dans tout le verbe par le *radical*, qui lui-même ne change point. Quant à l'idée d'*existence* ou du verbe substantif, qui est susceptible de varier selon les différentes manières d'être, elle doit être représentée par la terminaison qui, comme nous l'avons dit plus haut, varie depuis le commencement du verbe jusqu'à la fin.

Or, dans *aimer*, *aim* représente l'idée du participe *aimant*; *er* exprime celle de l'existence *être*.

AVOIR, AIMER, LIRE sont des mots qui ont été inventés pour abréger le discours : car il eût été trop long et trop désagréable de dire ÊTRE *ayant*, ÊTRE *aimant*, ÊTRE *lisant*. Il en est de même des autres verbes.

§ 89.   CONJUGAISON DU VERBE SUBSTANTIF *ÊTRE*.

INDICATIF.

PRÉSENT.

Je suis.
Tu es.
Il *ou* elle est.
Nous sommes.
Vous êtes.
Ils *ou* elles sont.

IMPARFAIT.

J'étais.
Tu étais.
Il était.
Nous étions.
Vous étiez.
Ils étaient.

PARFAIT DÉFINI.

Je fus.
Tu fus.
Il fut.
Nous fûmes.
Vous fûtes.
Ils furent.

PARFAIT INDÉFINI.

J'ai été.
Tu as été.
Il a été.
Nous avons été.
Vous avez été.
Ils ont été.

PARFAIT ANTÉRIEUR.

J'eus été.
Tu eus été.
Il eut été.
Nous eûmes été.
Vous eûtes été.
Ils eurent été.

PLUS-QUE-PARFAIT.

J'avais été.
Tu avais été.
Il avait été.
Nous avions été.
Vous aviez été.
Ils avaient été.

FUTUR.

Je serai.
Tu seras.
Il sera.
Nous serons.
Vous serez.
Ils seront.

FUTUR ANTÉRIEUR.

J'aurai été.
Tu auras été.
Il aura été.
Nous aurons été.
Vous aurez été.
Ils auront été.

CONDITIONNEL.

PRÉSENT.

Je serais.
Tu serais.
Il serait.
Nous serions.
Vous seriez.
Ils seraient.

PARFAIT.

J'aurais été.
Tu aurais été.
Il aurait été.

Nous aurions été.
Vous auriez été.
Ils auraient été.
On dit aussi : *J'eusse été, tu eusses été, il eut été, nous eussions été, vous eussiez été, ils eussent été.*

IMPÉRATIF.

PRÉSENT.

Sois.
Soyons.
Soyez.

SUBJONCTIF.

PRÉSENT.

Que je sois.
Que tu sois.
Qu'il soit.
Que nous soyons.
Que vous soyez.
Qu'ils soient.

IMPARFAIT.

Que je fusse.
Que tu fusses.
Qu'il fût.
Que nous fussions.
Que vous fussiez.
Qu'ils fussent.

PARFAIT INDÉFINI.

Que j'aie été.
Que tu aies été.
Qu'il ait été.
Que nous ayons été.
Que vous ayez été.
Qu'ils aient été.

PLUS-QUE-PARFAIT.

Que j'eusse été.
Que tu eusses été.
Qu'il eût été.
Que nous eussions été.

<table>
<tr><td>

Que vous eussiez été.
Qu'ils eussent été.

INFINITIF.

PRÉSENT.

Être.

PARFAIT INDÉFINI.

Avoir été.

</td><td>

PARTICIPES.

PRÉSENT.

Étant.

PARFAIT DÉFINI.

Été.

PARFAIT INDÉFINI.

Ayant été.

</td></tr>
</table>

CHAPITRE VI.

DU PARTICIPE.

§ 90.   **DÉFINITION DU PARTICIPE.**

Le *participe* est un mot qui tient de l'*adjectif* et du *verbe*.

Le participe tient de l'*adjectif* en ce qu'il sert à qualifier un substantif : *prince* CHÉRI.

Le participe tient du *verbe* en ce qu'il marque un temps : *lisant, lu*.

Le participe est un mot d'une espèce particulière : c'est à la fois un mode du verbe et une des dix parties du discours.

§ 91.   **DES DEUX SORTES DE PARTICIPES.**

Nous avons vu (§ 84) qu'il y a deux sortes de participes : le participe *présent* et le participe *passé*.

Le participe présent est invariable; il est toujours terminé en *ant*, comme *étant, ayant, aimant*.

Le participe passé est variable, c'est-à-dire qu'il est susceptible de prendre le genre et le nombre, comme *aimé, aimée, aimés, aimées*.

§ 92. **Résumé**
de ce qui est contenu dans ce premier livre.

Noms substantifs......
{ commun...... Soldat.
  propre........ Louis.
  idéal......... Science.
  de qualification. Roi. }

Article servant à déterminer les noms. *Le soldat.*

Adjectifs...........
{ de qualité..... Bon *soldat*.
  de nombre. ... Dix *soldats*.
  d'ordre....... Deuxième *page*. }

Démonstratifs.......
{ Cet *homme*.
  Celui-ci, celui-là. }

Possessifs..........
{ Mon *habit*.
  Le mien, le tien, le sien. }

Relatifs ou conjonctifs.
{ *Qui, que, quoi.*
  Lequel, laquelle. }

Interrogatifs........
{ *Qui, que, quoi.*
  Quel *homme*. }

Indéfinis...........
{ Chaque *individu*.
  Chacun, chacune. }

Pronoms...........
{ *Je, tu, il, elle, nous, vous, ils,*
    elles, se. }

Verbes............
{ auxiliaire...... *Avoir*.
  substantif..... *Être*. }

Participes..........
{ présent........ *Aimant*.
  passé......... *Aimé*. }

LIVRE DEUXIÈME.

MOTS INVARIABLES.

CHAPITRE I.

DE L'ADVERBE.

§ 93.   DÉFINITION DE L'ADVERBE.

L'*adverbe* est un mot invariable qui, comme l'indique son nom, se place ordinairement près d'un verbe et modifie l'état ou l'action qu'il énonce : *Lire* ATTENTIVEMENT.

L'adverbe se place aussi devant un adjectif ou devant un autre adverbe, et détermine le degré de la qualité : *plus sage, très-sage ; plus sagement, très-sagement.*

§ 94.   DES DIFFÉRENTES SORTES D'ADVERBES.

Les principales circonstances ou modifications que l'adverbe exprime, se réduisent à huit :

La *manière*, l'*ordre*, le *lieu*, le *temps*, la *quantité*, la *comparaison*, l'*affirmation* et la *négation*.

1°. Les adverbes qui marquent la manière ou la qualité, sont presque tous terminés en *ment*, et ils se forment des adjectifs, comme *saintement*, de *saint ; vraiment*, de *vrai ; doucement*, de *doux ; élégamment*, d'*élégant*.

2°. Les adverbes qui marquent l'ordre sont : *Premièrement, secondement*, etc. ; *ensuite, auparavant*, etc. Exemple : *Il faut,* AVANT TOUT, *fuir le mal ;* ENSUITE *il faut faire le bien.*

3°. Les adverbes qui marquent le lieu sont : *Où, ici, là, deçà, au delà, dessus, partout, auprès, loin, dedans, dehors, ailleurs,* etc. Exemple : Où *allez-vous? Je viens* ICI. *Il est* LÀ.

4°. Les adverbes de temps sont : *Hier, autrefois, bientôt, souvent, toujours, jamais,* etc. Exemple : *Cet enfant joue* TOUJOURS, *et il ne s'applique* JAMAIS.

5°. Les adverbes de quantité sont : *Beaucoup, peu, assez, trop, tant,* etc. Exemple : *Il lit* BEAUCOUP, *et il écrit* PEU.

6°. Les adverbes de comparaison sont : *Plus, moins, aussi, autant,* etc. Exemple : PLUS *grand,* AUSSI *grand,* MOINS *grand que vous.*

7°. Les adverbes qui marquent l'affirmation sont : *Oui, certes, donc,* etc.

8°. Les adverbes de négation sont : *Non, ne, pas, point, nullement,* etc.

§ 95.   REMARQUES.

Certains adjectifs sont aussi employés quelquefois comme adverbes, car on dit : *Chanter* FAUX, *parler* BAS, *dire* VRAI, *rester* COURT, *voir* CLAIR, *frapper* FORT, etc.

On appelle *locution adverbiale* ou *adverbe composé* un assemblage de mots qui expriment les mêmes circonstances ou modifications que l'adverbe, comme *longtemps, sans cesse, en arrière, au hasard, à contre-temps, tout à coup, tout à fait, tour à tour, peu à peu, de temps en temps, tout à l'heure, de nouveau, de bon cœur, pour toujours, à jamais,* etc.

CHAPITRE II.

DE LA PRÉPOSITION.

---

§ 96.   DÉFINITION DE LA PRÉPOSITION.

La préposition est un mot invariable qui sert à exprimer les divers rapports qui existent entre les mots :

Moulin A *vent;*

Table DE *marbre;*
Partir POUR *Bordeaux;*
Agir AVEC *prudence.*

§ 97.   LISTE DES PRÉPOSITIONS LES PLUS USITÉES.

A.	Devant.	Parmi.
Après.	Durant.	Pendant.
Attendu.	En.	Pour.
Avant.	Entre.	Sans.
Avec:	Envers.	Sauf.
Chez.	Hormis.	Selon.
Contre.	Hors.	Sous.
Dans.	Malgré.	Suivant.
De.	Moyennant.	Sur.
Depuis.	Nonobstant.	Touchant.
Derrière.	Outre.	Vers.
Dès.	Par.	Vis-à-vis.

§ 98.   REMARQUE.

On appelle *locution prépositive*, ou *préposition composée*, un assemblage de mots qui font l'office d'une préposition, comme *au-dessus de*, *au travers de*, *quant à*,
jusqu'à, etc.

CHAPITRE III.

DE LA CONJONCTION.

§ 99.   DÉFINITION DE LA CONJONCTION.

La conjonction est un mot invariable qui sert à joindre
deux phrases, ou deux parties semblables d'une même
phrase, d'une même proposition.

Pierre ET *Paul étudient.* AUSSI *ils sont savants,*
QUOIQUE *jeunes.*

§ 100. DES DIFFÉRENTES SORTES DE CONJONCTIONS.

Les conjonctions marquent :

1°. La liaison : *et, ni, aussi, que.*

2°. L'opposition : *mais, cependant, néanmoins, pourtant.*

3°. La division : *ou, soit.*

4°. L'exception : *sinon, quoique.*

5°. La comparaison : *comme.*

6°. L'addition : *encore.*

7°. Le motif : *car, puisque.*

8°. La conclusion : *or, donc, ainsi.*

9°. Le temps : *quand, lorsque, comme.*

10°. Le doute : *si.*

§ 101. REMARQUE.

On appelle *locution conjonctive*, ou *conjonction composée*, un assemblage de mots qui ont la même fonction que la conjonction, comme *de même que, d'ailleurs, parce que, tandis que, supposé que*, etc.

On distingue la conjonction *que* du *que* relatif, en ce qu'elle ne peut pas se tourner par *lequel, laquelle.*

CHAPITRE IV.

DE L'INTERJECTION.

§ 102. DÉFINITION DE L'INTERJECTION.

L'*interjection* est un mot invariable dont on se sert pour exprimer la joie, la douleur, la crainte, l'aversion, l'admiration, et en général tous les mouvements subits de l'âme, comme :

Ah !	Fi !	Ho !
Bien !	Ha !	Holà !
Chut !	Hé !	Oh !
Courage !	Hélas !	Paix !

§ 103. Résumé des deux premiers livres.

Nom. . . . . *Soldat, Louis.*
Article. . . . . *Le, la, les.*
Adjectif. . . . . *Bon, bonne.*
Pronom. . . . . *Je, tu, il.*
Verbe. . . . . *Être.*
Participe. . . . . *Aimant, aimé.*
Adverbe. . . . . *Saintement.*
Préposition. . . . . *A, après.*
Conjonction. . . . . *Et, ni.*
Interjection. . . . . *Ah! oh!*

LIVRE TROISIÈME.

DES VERBES ATTRIBUTIFS.

CHAPITRE I.

DES VERBES ATTRIBUTIFS EN GÉNÉRAL.

§ 104. DES DIFFÉRENTES SORTES DE VERBES ATTRIBUTIFS.

1°. On appelle verbe *actif* celui dont le sujet fait une action qui peut tomber directement sur un être ou sur un objet, et qu'on peut faire suivre des mots *quelqu'un, quelque chose.*

J'AIME, JE FINIS, sont des verbes actifs, parce qu'on peut dire : J'AIME *quelqu'un,* JE FINIS *quelque chose.* L'action *d'aimer* et de *finir,* qui est faite par moi, tombe directement sur *quelqu'un,* sur *quelque chose.*

2°. On appelle verbe *passif* celui dont le sujet reçoit l'action que marque le verbe.

TU ES AIMÉ, IL EST REÇU, sont des verbes *passifs,* parce que les sujets *tu, il,* supportent l'action *d'aimer* et de *recevoir.*

3°. Un verbe *neutre* est celui qui n'est ni actif ni passif (1). Il exprime une action faite par le sujet comme le verbe actif; mais il en diffère en ce que cette action ne tombe pas directement sur un être ou sur un objet, et qu'on ne peut pas le faire suivre de *quelqu'un, quelque chose.*

JE TOMBE, TU DORS, sont des verbes *neutres,* parce

______

(1) *Neutre* signifie *ni l'un ni l'autre.*

qu'on ne peut pas dire : JE TOMBE *quelqu'un,* TU DORS *quelque chose.*

L'action de *tomber,* de *dormir,* qui est faite par moi, ne peut tomber directement sur *quelqu'un* ou sur *quelque chose.*

4°. Le verbe *réfléchi* ou *pronominal* est celui qui se conjugue avec deux pronoms de la même personne : ainsi, JE ME REPOSE, TU T'APPLIQUES, IL S'AMUSE, sont des verbes *réfléchis* ou *pronominaux.*

Le verbe réfléchi s'appelle aussi *réciproque,* lorsque les sujets font l'un sur l'autre l'action qu'indique le verbe, comme *nous nous louons, vous vous encouragez.*

5°. Le verbe *unipersonnel* (1) est celui qui ne s'emploie qu'à la troisième personne du singulier, comme *il faut, il pleut.*

§ 105.   REMARQUES.

Les verbes attributifs se divisent encore en verbes *réguliers,* en verbes *irréguliers,* et en verbes *défectifs.*

1°. Les verbes *réguliers* sont ceux qui suivent exactement, dans tous les temps primitifs et dans tous les temps dérivés, les terminaisons du verbe qui leur sert de modèle.

2°. Les verbes *irréguliers* sont ceux dont les terminaisons diffèrent de celles du verbe qui leur sert de modèle, soit dans les temps primitifs, soit dans les temps dérivés.

3°. Les verbes *défectifs* sont ceux auxquels il manque certains temps ou certaines personnes que l'usage n'admet point.

---

(1) *Unipersonnel* veut dire *qui n'a qu'une personne.*

CHAPITRE II.

DES VERBES ACTIFS.

I. — CONJUGAISON DES VERBES ACTIFS.

§ 106. DIVISION DÉS CONJUGAISONS.

Les verbes actifs ont quatre conjugaisons que l'on distingue par la terminaison du présent de l'infinitif.

Cette terminaison est :

Er pour la première : *aim*ER.
Ir pour la deuxième : *fin*IR.
Oir pour la troisième : *recev*OIR.
Re pour la quatrième : *romp*RE.

§ 107. PREMIÈRE CONJUGAISON EN *ER.*

INDICATIF.

PRÉSENT.

J'aime.
Tu aimes.
Il *ou* elle aime.
Nous aimons.
Vous aimez.
Ils *ou* elles aiment.

IMPARFAIT.

J'aimais.
Tu aimais.
Il aimait.
Nous aimions.
Vous aimiez.
Ils aimaient.

PARFAIT DÉFINI.

J'aimai.
Tu aimas.

Il aima.
Nous aimâmes.
Vous aimâtes.
Ils aimèrent.

PARFAIT INDÉFINI.

J'ai aimé.
Tu as aimé.
Il a aimé.
Nous avons aimé.
Vous avez aimé.
Ils ont aimé.

PARFAIT ANTÉRIEUR.

J'eus aimé.
Tu eus aimé.
Il eut aimé.
Nous eûmes aimé.
Vous eûtes aimé.
Ils eurent aimé (1).

---

(1) Il y a un autre parfait antérieur, dont on sert rarement. Le voici : *J'ai eu aimé, tu as eu aimé, il a eu aimé, nous avons eu aimé, vous avez eu aimé, ils ont eu aimé.*

PLUS—QUE—PARFAIT.

J'avais aimé.
Tu avais aimé.
Il avait aimé.
Nous avions aimé.
Voùs aviez aimé.
Ils avaient aimé.

FUTUR.

J'aimerai.
Tu aimeras.
Il aimera.
Nous aimerons.
Vous aimerez.
Il aimeront.

FUTUR ANTÉRIEUR.

J'aurai aimé.
Tu auras aimé.
Il aura aimé.
Nous aurons aimé.
Vous aurez aimé.
Ils auront aimé.

CONDITIONNEL.

PRÉSENT.

J'aimerais.
Tu aimerais.
Il aimerait.
Nous aimerions.
Vous aimeriez.
Ils aimeraient.

PARFAIT.

J'aurais aimé.
Tu aurais aimé.
Il aurait aimé.
Nous aurions aimé.
Vous auriez aimé.
Ils auraient aimé.

On dit aussi : *J'eusse aimé, tu eusses aimé, il eût aimé, nous eussions aimé, vous eussiez aimé, ils eussent aimé.*

IMPÉRATIF.

PRÉSENT.

Aime.
Aimons.
Aimez.

SUBJONCTIF.

PRÉSENT.

Que j'aime.
Que tu aimes.
Qu'il aime.
Que nous aimions.
Que vous aimiez.
Qu'ils aiment.

IMPARFAIT.

Que j'aimasse.
Que tu aimasses.
Qu'il aimât.
Que nous aimassions.
Que vous aimassiez.
Qu'ils aimassent.

PARFAIT INDÉFINI.

Que j'aie aimé.
Que tu aies aimé.
Qu'il ait aimé.
Que nous ayons aimé.
Que vous ayez aimé.
Qu'ils aient aimé.

PLUS—QUE—PARFAIT.

Que j'eusse aimé.
Que tu eusses aimé.
Qu'il eût aimé.
Que nous eussions aimé.
Que vous eussiez aimé.
Qu'ils eussent aimé.

INFINITIF.

PRÉSENT.

Aimer.

PARFAIT INDÉFINI.

Avoir aimé.

PARTICIPES.

PRÉSENT.

Aimant.

PARFAIT DÉFINI.
Aimé, aimée.

PARFAIT INDÉFINI.
Ayant aimé.

§ 108. **DEUXIÈME CONJUGAISON EN *IR*.**

INDICATIF.

PRÉSENT.
Je finis.
Tu finis.
Il *ou* elle finit.
Nous finissons.
Vous finissez.
Ils *ou* elles finissent.

IMPARFAIT.
Je finissais.
Tu finissais.
Il finissait.
Nous finissions.
Vous finissiez.
Ils finissaient.

PARFAIT DÉFINI.
Je finis.
Tu finis.
Il finit.
Nous finîmes.
Vous finîtes.
Ils finirent.

PARFAIT INDÉFINI.
J'ai fini.
Tu as fini.
Il a fini.
Nous avons fini.
Vous avez fini.
Ils ont fini.

PARFAIT ANTÉRIEUR.
J'eus fini.
Tu eus fini.
Il eut fini.

Nous eûmes fini.
Vous eûtes fini.
Ils eurent fini (1).

PLUS-QUE-PARFAIT.
J'avais fini.
Tu avais fini.
Il avait fini.
Nous avions fini.
Vous aviez fini.
Ils avaient fini.

FUTUR.
Je finirai.
Tu finiras.
Il finira.
Nous finirons.
Vous finirez.
Ils finiront.

FUTUR ANTÉRIEUR.
J'aurai fini.
Tu auras fini.
Il aura fini.
Nous aurons fini.
Vous aurez fini.
Ils auront fini.

CONDITIONNEL.

PRÉSENT.
Je finirais.
Tu finirais.
Il finirait.
Nous finirions.
Vous finiriez.
Ils finiraient.

---

(1) Il y a un autre parfait antérieur, mais on s'en sert rarement. Le voici :
J'ai eu fini, tu as eu fini, il a eu fini, nous avons eu fini, vous avez eu fini, ils ont eu fini.

PARFAIT.

J'aurais fini.
Tu aurais fini.
Il aurait fini.
Nous aurions fini.
Vous auriez fini.
Ils auraient fini.

On dit aussi : *J'eusse fini, tu eusses fini, il eût fini, nous eussions fini, vous eussiez fini, ils eussent fini.*

IMPÉRATIF.

PRÉSENT.

Finis.
Finissons.
Finissez.

SUBJONCTIF.

PRÉSENT.

Que je finisse.
Que tu finisses.
Qu'il finisse.
Que nous finissions.
Que vous finissiez.
Qu'ils finissent.

IMPARFAIT.

Que je finisse.
Que tu finisses.
Qu'il finît.
Que nous finissions.

Que vous finissiez.
Qu'ils finissent.

PARFAIT INDÉFINI.

Que j'aie fini.
Que tu aies fini.
Qu'il ait fini.
Que nous ayons fini.
Que vous ayez fini.
Qu'ils aient fini.

PLUS-QUE-PARFAIT.

Que j'eusse fini.
Que tu eusses fini.
Qu'il eût fini.
Que nous eussions fini.
Que vous eussiez fini.
Qu'ils eussent fini.

INFINITIF.

PRÉSENT.

Finir.

PARFAIT INDÉFINI.

Avoir fini.

PARTICIPES.

PRÉSENT.

Finissant.

PARFAIT DÉFINI.

Fini, finie.

PARFAIT INDÉFINI.

Ayant fini.

§ 109.   TROISIÈME CONJUGAISON EN *OIR*.

INDICATIF.

PRÉSENT.

Je reçois.
Tu reçois.
Il *ou* elle reçoit.
Nous recevons.
Vous recevez.
Ils *ou* elles reçoivent.

IMPARFAIT.

Je recevais.
Tu recevais.
Il recevait.
Nous recevions.
Vous receviez.
Ils recevaient.

PARFAIT DÉFINI.

Je reçus.

Tu reçus.
Il reçut.
Nous reçûmes.
Vous reçûtes.
Ils reçurent.

PARFAIT INDÉFINI.

J'ai reçu.
Tu as reçu.
Il a reçu.
Nous avons reçu.
Vous avez reçu.
Ils ont reçu.

PARFAIT ANTÉRIEUR.

J'eus reçu.
Tu eus reçu.
Il eut reçu.
Nous eûmes reçu.
Vous eûtes reçu.
Ils eurent reçu (1).

PLUS-QUE-PARFAIT.

J'avais reçu.
Tu avais reçu.
Il avait reçu.
Nous avions reçu.
Vous aviez reçu.
Ils avaient reçu.

FUTUR.

Je recevrai.
Tu recevras.
Il recevra.
Nous recevrons.
Vous recevrez.
Ils recevront.

FUTUR ANTÉRIEUR.

J'aurai reçu.
Tu auras reçu.
Il aura reçu.
Nous aurons reçu.
Vous aurez reçu.
Ils auront reçu.

CONDITIONNEL.

PRÉSENT.

Je recevrais.
Tu recevrais.
Il recevrait.
Nous recevrions.
Vous recevriez.
Ils recevraient.

PARFAIT.

J'aurais reçu.
Tu aurais reçu.
Il aurait reçu.
Nous aurions reçu.
Vous auriez reçu.
Ils auraient reçu.

On dit aussi : *J'eusse reçu, tu eusses reçu, il eût reçu, nous eussions reçu, vous eussiez reçu, ils eussent reçu.*

IMPÉRATIF.

PRÉSENT.

Reçois.
Recevons.
Recevez.

SUBJONCTIF.

PRÉSENT.

Que je reçoive.
Que tu reçoives.
Qu'il reçoive.
Que nous recevions.
Que vous receviez.
Qu'ils reçoivent.

IMPARFAIT.

Que je reçusse.
Que tu reçusses.
Qu'il reçût.
Que nous reçussions.
Que vous reçussiez.
Qu'ils reçussent.

---

(1) Il y a un autre parfait antérieur, mais on s'en sert rarement. Le voici : *J'ai eu reçu, tu as eu reçu, il a eu reçu, nous avons eu reçu, vous avez eu reçu, ils ont eu reçu.*

PARFAIT INDÉFINI.

Que j'aie reçu.
Que tu aies reçu.
Qu'il ait reçu.
Que nous ayons reçu.
Que vous ayez reçu.
Qu'ils aient reçu.

PLUS-QUE-PARFAIT.

Que j'eusse reçu.
Que tu eusses reçu.
Qu'il eût reçu.
Que nous eussions reçu.
Que vous eussiez reçu.
Qu'ils eussent reçu.

INFINITIF.

PRÉSENT.

Recevoir.

PARFAIT INDÉFINI.

Avoir reçu.

PARTICIPES.

PRÉSENT.

Recevant.

PARFAIT DÉFINI.

Reçu , reçue.

PARFAIT INDÉFINI.

Ayant reçu.

§ 110. **QUATRIÈME CONJUGAISON EN** *RE.*

INDICATIF.

PRÉSENT.

Je romps.
Tu romps.
Il rompt.
Nous rompons.
Vous rompez.
Ils rompent.

IMPARFAIT.

Je rompais.
Tu rompais.
Il rompait.
Nous rompions.
Vous rompiez.
Ils rompaient.

PARFAIT DÉFINI.

Je rompis.
Tu rompis.
Il rompit.
Nous rompîmes.
Vous rompîtes.
Ils rompirent.

PARFAIT INDÉFINI.

J'ai rompu.
Tu as rompu.
Il a rompu.
Nous avons rompu.
Vous avez rompu.
Ils ont rompu.

PARFAIT ANTÉRIEUR.

J'eus rompu.
Tu eus rompu.
Il eut rompu.
Nous eûmes rompu.
Vous eûtes rompu.
Ils eurent rompu (1).

PLUS-QUE-PARFAIT.

J'avais rompu.
Tu avais rompu.
Il avait rompu.
Nous avions rompu.
Vous aviez rompu.
Ils avaient rompu.

______

(1) Il y a un autre parfait antérieur, dont on se sert rarement. Le voici : *J'ai eu rompu, tu as eu rompu, il a eu rompu, nous avons eu rompu, vous avez eu rompu, ils ont eu rompu.*

FUTUR.

Je romprai.
Tu rompras.
Il rompra.
Nous romprons.
Vous romprez.
Ils rompront.

FUTUR ANTÉRIEUR.

J'aurai rompu.
Tu auras rompu.
Il aura rompu.
Nous aurons rompu.
Vous aurez rompu.
Ils auront rompu.

CONDITIONNEL.

PRÉSENT.

Je romprais.
Tu romprais.
Il romprait.
Nous romprions.
Vous rompriez.
Ils rompraient.

PARFAIT.

J'aurais rompu.
Tu aurais rompu.
Il aurait rompu.
Nous aurions rompu.
Vous auriez rompu.
Ils auraient rompu.

On dit aussi : *J'eusse rompu, tu eusses rompu, il eût rompu, nous eussions rompu, vous eussiez rompu, ils eussent rompu.*

IMPÉRATIF.

PRÉSENT.

Romps.
Rompons.
Rompez.

SUBJONCTIF.

PRÉSENT.

Que je rompe.
Que tu rompes.
Qu'il rompe.
Que nous rompions.
Que vous rompiez.
Qu'ils rompent.

IMPARFAIT.

Que je rompisse.
Que tu rompisses.
Qu'il rompît.
Que nous rompissions.
Que vous rompissiez.
Qu'ils rompissent.

PARFAIT INDÉFINI.

Que j'aie rompu.
Que tu aies rompu.
Qu'il ait rompu.
Que nous ayons rompu.
Que vous ayez rompu.
Qu'ils aient rompu.

PLUS-QUE-PARFAIT.

Que j'eusse rompu.
Que tu eusses rompu.
Qu'il eût rompu.
Que nous eussions rompu.
Que vous eussiez rompu.
Qu'ils eussent rompu.

INFINITIF.

PRÉSENT.

Rompre.

PARFAIT INDÉFINI.

Avoir rompu.

PARTICIPES.

PRÉSENT.

Rompant.

PARFAIT DÉFINI.

Rompu, rompue.

PARFAIT INDÉFINI.

Ayant rompu.

II. — FORMATION DES TEMPS.

§ 111. DES TEMPS PRIMITIFS ET DES TEMPS COMPOSÉS.

Nous avons déjà vu (§ 84) que les temps se divisent en *simples* et en *composés*. Ils se divisent encore en *primitifs* et en *dérivés*.

Les temps primitifs sont ceux qui servent à former les autres. Il y en a cinq, qui sont :

Le présent de l'infinitif,
Le participe présent,
Le participe passé,
Le présent de l'indicatif,
Le parfait défini de l'indicatif.

Les temps dérivés sont ceux qui se forment des temps primitifs.

§ 112. PRÉSENT DE L'INFINITIF.

Du présent de l'infinitif on forme deux temps :

1°. Le futur de l'indicatif en changeant *r*, *oir* ou *re* en *rai :*

*Aime*R, *fini*R, *rece*voir, *romp*RE;
*J'aime*RAI, *je fini*RAI, *je rece*vRAI, *je romp*RAI.

2°. Le présent du conditionnel en changeant *r*, *oir* ou *re* en *rais :*

*Aime*R, *fini*R, *rece*voir, *romp*RE;
*J'aime*RAIS, *je fini*RAIS, *je rece*vRAIS, *je romp*RAIS.

§ 113. PARTICIPE PRÉSENT.

Du participe présent on forme trois temps :

1°. Tout le pluriel du présent de l'indicatif, en changeant *ant* en *ons, ez, ent :*

*Aim*ANT, *finiss*ANT, *recev*ANT, *romp*ANT;
*Nous aim*ONS, *nous finiss*ONS, *nous recev*ONS, *nous romp*ONS;
*Vous aim*EZ, *vous finiss*EZ, *vous recev*EZ, *vous romp*EZ;
*Ils aim*ENT, *ils finiss*ENT, *ils romp*ENT.

La troisième personne plurielle ils *reçoivent* est irrégulière.

2°. L'imparfait de l'indicatif, en changeant *ant* en *ais, ais, ait, ions, iez, aient :*

Aim**ANT**, *finiss**ANT**, *recev**ANT**, *romp**ANT** ;
J'aim**AIS**, *je finiss**AIS**, je recev**AIS**, je romp**AIS**.

3°. Le présent du subjonctif, en changeant *ant* en *e, es, e, ions, iez, ent :*

Aim**ANT**, *finiss**ANT**, recev**ANT**, romp**ANT**;
*Que j'aim**E**, que je finiss**E**, que je romp**E**.

Le présent du subjonctif de la troisième conjugaison est irrégulier.

§ 114. PARTICIPE PASSÉ.

Du participe passé on forme tous les temps composés à l'aide des verbes *avoir, être :*

J'ai aimé, j'avais fini, j'eus reçu, j'aurai rompu.

§ 115. PRÉSENT DE L'INDICATIF.

Du présent de l'indicatif on forme le présent de l'impératif en supprimant les pronoms *je, nous, vous :*

J'aime, je finis, je reçois, je romps ;
Aime, finis, reçois, romps.

§ 116. PARFAIT DÉFINI DE L'INDICATIF.

Du parfait défini on forme l'imparfait du subjonctif, en changeant *ai* en *asse* pour les verbes de la première conjugaison, et en ajoutant *se* pour les trois autres :

*J'aim**AI**, je fin**IS**, je reç**US**, je romp**IS**;*
*Que j'aim**ASSE**, que je finiss**E**, que je reç**USSE**, que je romp**ISSE**.*

III. — TABLEAU COMPARATIF DES TERMINAISONS.

§ 117. TEMPS SIMPLES.

	1re CONJUGAISON.	2e CONJUGAISON.	3e CONJUGAISON.	4e CONJUGAISON.
PRÉSENT DE L'INFINITIF.	— er.	— ir.	— oir.	— re.
FUTUR DE L'INDICATIF.	S. 1 p. — e rai. 2 p. — e ras. 3 p. — e ra. P. 1 p. — e rons. 2 p. — e rez. 3 p. — e ront.	— i rai. — i ras. — i ra. — i rons. — i rez. — i ront.	— rai. — ras. — ra. — rons. — rez. — ront.	— rai. — ras. — ra. — rons. — rez. — ront.
CONDITIONNEL PRÉSENT.	S. 1 p. — e rais. 2 p. — e rais. 3 p. — e rait. P. 1 p. — e rions. 2 p. — e riez. 3 p. — e raient.	— i rais. — i rais. — i rait. — i rions. — i riez. — i raient.	— rais. — rais. — rait. — rions. — riez. — raient.	— rais. — rais. — rait. — rions. — riez. — raient.
PARTICIPE PRÉSENT.	— ant.	— ant.	— ant.	— ant.
IMPARFAIT DE L'INDICATIF.	S. 1 p. — ais. 2 p. — ais. 3 p. — ait. P. 1 p. — ions. 2 p. — iez. 3 p. — aient.	— ais. — ais. — ait. — ions. — iez. — aient.	— ais. — ais. — ait. — ions. — iez. — aient.	— ais. — ais. — ait. — ions. — iez. — aient.
PRÉSENT DU SUBJONCTIF.	S. 1 p. — e. 2 p. — es. 3 p. — e. P. 1 p. — ions. 2 p. — iez. 3 p. — ent.	— e. — es. — e. — ions. — iez. — ent.	— e. — es. — e. — ions. — iez. — ent.	— e. — es. — e. — ions. — iez. — ent.

	1re CONJUGAISON.	2e CONJUGAISON.	3e CONJUGAISON.	4e CONJUGAISON.
PRÉSENT DE L'INDICATIF.	S. 1 p. — e. 2 p. — es. 3 p. — e. P. 1 p. — ons. 2 p. — ez. 3 p. — ent.	— is. — is. — it. — ons. — ez. — ent.	— ois. — ois. — oit. — ons. — ez. — ent.	— s. — s. — t. — ons. — ez. — ent.
PRÉSENT DE L'IMPÉRATIF.	S. 1 p. 2 p. — e. 3 p. P. 1 p. — ons. 2 p. — ez. 3 p.	— is. — ons. — ez.	— ois. — ons. — ez.	— s. — ons. — ez.
PARFAIT DÉFINI DE L'INDICATIF.	S. 1 p. — ai. 2 p. — as. 3 p. — a. P. 1 p. — â mes. 2 p. — â tes. 3 p. — è rent.	— is. — is. — it. — i mes. — i tes. — i rent.	— us. — us. — ut. — û mes. — û tes. — u rent.	— is. — is. — it. — i mes. — i tes. — i rent.
IMPARFAIT DU SUBJONCTIF.	S. 1 p. — ass e. 2 p. — ass es. 3 p. — ât. P. 1 p. — ass ions. 2 p. — ass iez. 3 p. — ass ent.	— iss e. — iss es. — it. — iss ions. — iss iez. — iss ent.	— uss e. — uss es. — ût. — uss ions. — uss iez. — uss ent.	— iss e. — iss es. — it. — iss ions. — iss iez. — iss ent.
PARTICIPE PASSÉ.	— é.	— i.	— u.	— u.

§ 118.   TEMPS COMPOSÉS.

TEMPS DE L'AUXILIAIRE.	TEMPS DU VERBE ACTIF.	
PRÉSENT DE L'INDICATIF.	PARFAIT DÉFINI. *S.* J'ai, tu as, il a, *P.* Nous avons, vous avez, ils ont.	Ire
IMPARFAIT DE L'INDICATIF.	PLUS-QUE-PARFAIT. *S.* J'avais, tu avais, il avait, *P.* Nous avions, vous aviez, ils avaient.	CONJUGAISON, *aim* é.
PARFAIT DÉFINI DE L'INDICATIF.	PARFAIT ANTÉRIEUR. *S.* J'eus, tu eus, il eut. *P.* Nous eûmes, vous eûtes, ils eurent.	
FUTUR DE L'INDICATIF.	FUTUR ANTÉRIEUR. *S.* J'aurai, tu auras, il aura, *P.* Nous aurons, vous aurez, ils auront.	2e CONJUGAISON, *fin* i.
CONDITIONNEL PRÉSENT.	CONDITIONNEL PASSÉ. *S.* J'aurais, tu aurais, il aurait, *P.* Nous aurions, vous auriez, ils auraient.	
PRÉSENT DU SUBJONCTIF.	PARFAIT DU SUBJONCTIF. *S.* Que j'aie, que tu aies, qu'il ait, *P.* Que nous ayons, que vous ayez, qu'ils aient.	3e CONJUGAISON, *reç* u.
IMPARFAIT DU SUBJONCTIF.	PLUS-QUE-PARFAIT DU SUBJONCTIF. *S.* Que j'eusse, que tu eusses, qu'il eût, *B.* Que nous eussions, que vous eussiez, qu'ils eussent.	4^e
PRÉSENT DE L'INFINITIF.	PARFAIT DE L'INFINITIF. Avoir.	CONJUGAISON, *romp* u.
PARTICIPE.	PARTICIPE PASSÉ. Ayant.	

§ 119.   REMARQUES.

1°. Le parfait défini et l'imparfait du subjonctif ont les mêmes terminaisons dans la deuxième conjugaison et dans la quatrième.

2°. Le participe présent finit toujours par *ant*.

3°. Le participe passé a la même terminaison dans la troisième et dans la quatrième conjugaison.

4°. La lettre *r* se trouve dans toutes les terminaisons du présent de l'infinitif.

5°. On la retrouve encore au futur de l'indicatif et au conditionnel présent, qui dérivent du présent de l'infinitif.

La lettre *r* qui caractérise le présent de l'infinitif, le futur de l'indicatif et le conditionnel présent, est appelée *figurative*.

IV. — DÉSINENCES PERSONNELLES.

§ 120.   DÉFINITION.

On entend par *désinence personnelle* ce qui distingue les personnes dans chaque nombre et dans chaque temps. La désinence ne forme pas toujours la terminaison tout entière. Par exemple, au futur de l'indicatif, la désinence personnelle est *rai, ras, ra, rons, rez, ront;* mais la terminaison tout entière est *erai, eras, era, erez, eront,* pour la première conjugaison; *irais, iras, ira, irons, irez, iront,* pour la seconde.

Il en est de même pour le pluriel du parfait défini et pour l'imparfait du subjonctif.

§ 121.   OBSERVATION.

On remarque, en jetant les yeux sur le tableau des quatre conjugaisons, que plusieurs temps finissent par les mêmes lettres ou par les mêmes syllabes.

Ainsi le présent de l'indicatif finit au pluriel par *ons, ez, ent,* dans les quatre conjugaisons; tous les imparfaits et tous les conditionnels présents ont pour finales *ais, ais, ait, ions, iez, aient;* tous les futurs de l'indicatif, *rai, ra, ras, rons, rez, ront,* etc.

Cette ressemblance dans la désinence de la plupart des temps, simplifie beaucoup la conjugaison et la rend très-facile.

Voici un tableau qui présente sous un seul coup d'œil les désinences qui servent aux quatre conjugaisons.

Les temps qui ont le plus de rapport se trouvent rapprochés autant qu'il a été possible de le faire.

	SINGULIER.			PLURIEL.		
Présent de l'indicatif...	.	.	.	*ons,*	*ez,*	*ent.*
Impératif.	.	.	.	*ons,*	*ez.*	
Présent du subjonctif. .	*e,*	*es,*	*e.*	*ions,*	*iez,*	*ent.*
Imparfait du subjonctif.	*e,*	*es,*	*t.*	*ions,*	*iez,*	*ent.*
Futur de l'indicatif. . .	*rai,*	*ras,*	*ra.*	*rons,*	*rez,*	*ront.*
Imparfait de l'indicatif.	*ais,*	*ais,*	*ait.*	*ions,*	*iez,*	*aient.*
Conditionnel présent. .	*rais,*	*rais,*	*rait.*	*rions,*	*riez,*	*raient.*
Parfait défini.	.	.	.	*mes,*	*tes,*	*rent.*

§ 122. EXPLICATION DU TABLEAU PRÉCÉDENT.

Le tableau qui précède fait voir le rapport qui existe entre les désinences de plusieurs temps de la voix active.

PRÉSENT DE L'INDICATIF. La désinence personnelle du pluriel au présent de l'indicatif, *ons, ez, ent,* se trouve presque dans tous les temps.

IMPÉRATIF. La désinence du pluriel est *ons, ez,* comme au présent de l'indicatif.

PRÉSENT DU SUBJONCTIF. La désinence personnelle de ce temps est *e, es, e* au singulier; *ions, iez, ent* au pluriel.

Les deux premières personnes du pluriel ajoutent *i* au présent de l'indicatif.

La troisième personne est la même.

Imparfait du subjonctif. Ce temps est tout à fait semblable au présent du subjonctif, excepté à la troisième personne du singulier, qui prend un *t* au lieu d'un *e*.

Futur de l'indicatif. La désinence personnelle du futur n'a aucune ressemblance avec les autres temps au singulier : *rai, ras, ra*.

Les deux premières personnes du pluriel ajoutent *r* au présent de l'indicatif.

La troisième personne est la seule qui finisse par *ont*.

Imparfait de l'indicatif. La désinence personnelle de ce temps ajoute *i* au présent de l'indicatif, pour les deux premières personnes plurielles, et *ai* pour la troisième.

Conditionnel présent. Ajoutez *r* à la désinence personnelle de l'imparfait de l'indicatif, vous aurez toutes celles du conditionnel présent.

Parfait défini de l'indicatif. Les trois personnes plurielles du parfait défini ont une désinence particulière qui est *mes, tes, rent*.

La dernière est celle du présent de l'indicatif avec la lettre *r*.

§ 123.   RÈGLES GÉNÉRALES POUR LES QUATRE
CONJUGAISONS (1).

1°. Toute première personne du singulier est terminée par *e, s* ou *ai*.

2°. Toute deuxième personne du singulier finit par *s*.

3°. La troisième personne du singulier reçoit souvent le *t*, et quelquefois le *d*. Lorsqu'elle ne prend ni l'une ni l'autre de ces deux lettres, elle se forme de la deuxième personne dont on retranche *s*.

---

(1) Ces règles sont presque toutes applicables aux deux auxiliaires.

4°. Toute première personne du pluriel est terminée par *ons*, excepté au parfait défini où elle finit par *es*.

5°. Toute deuxième personne du pluriel est terminée par *ez*, excepté au parfait défini où elle finit comme la première par *es* (1).

6°. Toute troisième personne du pluriel se termine par *ent*, excepté au futur de l'indicatif où elle finit par *ont*.

7°. La troisième personne du singulier de l'imparfait du subjonctif reçoit un accent circonflexe, afin qu'elle ne soit pas confondue avec la même personne du parfait défini de l'indicatif : *Il reçut, qu'il reçût; il finit, qu'il finît*, etc.

On reconnaîtra l'imparfait du subjonctif au mot *que*.

V. — VERBES A CONJUGUER.

§ 124. PREMIÈRE CONJUGAISON.

Sur *aimer :*

Aider, voiler, trouver, serrer, exciter, chanter, troubler, caresser, animer, orner, former, donner, souffler, traiter, frapper, porter, etc.

§ 125. DEUXIÈME CONJUGAISON.

Sur *finir :*

Unir, punir, munir, ternir, vernir, vomir, nourrir, remplir, noircir, trahir, aigrir, enrichir, envahir, embellir, approfondir, adoucir, etc.

§ 126. TROISIÈME CONJUGAISON.

Sur *recevoir :*

Apercevoir, concevoir, percevoir, devoir, redevoir, etc.

---

(1) Les deux premières personnes plurielles du présent de l'indicatif du verbe *être* et de quelques verbes irréguliers, se terminent par *es*, comme celles du parfait défini du même mode.

§ 127.   QUATRIÈME CONJUGAISON.

Sur *rompre :*

Corrompre, interrompre, rendre, fendre, pendre, tendre, vendre, pondre, fondre, tondre, perdre, tordre, mordre.

REMARQUE. — Les verbes en *dre* suppriment le *t* final de la troisième personne singulière du présent de l'indicatif.

CHAPITRE III.

DES VERBES PASSIFS.

---

§ 128.   OBSERVATIONS.

Il n'y a qu'une seule conjugaison pour tous les verbes passifs.

Elle ne présente aucune difficulté, car elle se fait dans tous ses temps avec le verbe auxiliaire *être* et le participe passé actif du verbe que l'on veut conjuguer au passif.

Tout verbe *actif* a un *passif.* Ainsi l'on dit : *être aimé, être fini, être reçu , être rompu,* etc.

§ 129.   RÈGLE.

1°. Le verbe passif peut être conjugué entièrement au masculin et au féminin, puisque le participe passé reçoit le genre du sujet.

2°. Au pluriel, le participe prend *s ,* tant au masculin qu'au féminin.

On dit au singulier :

Masculin.	*Féminin.*
Un père *aimé*.	Une mère *aimée*.

On dit au pluriel :

Masculin.	*Féminin.*
Des pères *aimés*.	Des mères *aimées*.

§ 130. CONJUGAISON DU VERBE PASSIF *ÊTRE AIMÉ*.

INDICATIF.

PRÉSENT.

Je suis aimé.
Tu es aimé.
Il est aimé.
Nous sommes aimés.
Vous êtes aimés.
Ils sont aimés.

IMPARFAIT.

J'étais aimé.
Tu étais aimé.
Il était aimé.
Nous étions aimés.
Vous étiez aimés.
Ils étaient aimés.

PARFAIT DÉFINI.

Je fus aimé.
Tu fus aimé.
Il fut aimé.
Nous fûmes aimés.
Vous fûtes aimés.
Ils furent aimés.

PARFAIT INDÉFINI.

J'ai été aimé.
Tu as été aimé.
Il a été aimé.
Nous avons été aimés.
Vous avez été aimés.
Ils ont été aimés.

PARFAIT ANTÉRIEUR.

J'eus été aimé.
Tu eus été aimé.
Il eut été aimé.
Nous eûmes été aimés.
Vous eûtes été aimés.
Ils eurent été aimés.

PLUS-QUE-PARFAIT.

J'avais été aimé.
Tu avais été aimé.
Il avait été aimé.
Nous avions été aimés.
Vous aviez été aimés.
Ils avaient été aimés.

FUTUR.

Je serai aimé.
Tu seras aimé.
Il sera aimé.
Nous serons aimés.
Vous serez aimés.
Ils seront aimés.

FUTUR ANTÉRIEUR.

J'aurai été aimé.
Tu auras été aimé.
Il aura été aimé.
Nous aurons été aimés.
Vous aurez été aimés.
Ils auront été aimés.

CONDITIONNEL.

PRÉSENT.

Je serais aimé.
Tu serais aimé.
Il serait aimé.
Nous serions aimés.
Vous seriez aimés.
Ils seraient aimés.

PARFAIT.

J'aurais été aimé.
Tu aurais été aimé.
Il aurait été aimé.
Nous aurions été aimés.
Vous auriez été aimés.
Ils auraient été aimés.

On dit aussi : *J'eusse été aimé, tu eusses été aimé, il eût été aimé, nous eussions été aimés, vous eussiez été aimés, ils eussent été aimés.*

IMPÉRATIF.

PRÉSENT.

Sois aimé.
Soyons aimés.
Soyez aimés.

SUBJONCTIF.

PRÉSENT.

Que je sois aimé.
Que tu sois aimé.
Qu'il soit aimé.
Que nous soyons aimés.
Que vous soyez aimés.
Qu'ils soient aimés.

IMPARFAIT.

Que je fusse aimé.
Que tu fusses aimé.
Qu'il fût aimé.
Que nous fussions aimés.
Que vous fussiez aimés.
Qu'ils fussent aimés.

PARFAIT INDÉFINI.

Que j'aie été aimé.
Que tu aies été aimé.
Qu'il ait été aimé.
Que nous ayons été aimés.
Que vous ayez été aimés.
Qu'ils aient été aimés.

PLUS-QUE-PARFAIT.

Que j'eusse été aimé.
Que tu eusses été aimé.
Qu'il eût été aimé.
Que nous eussions été aimés.
Que vous eussiez été aimés.
Qu'ils eussent été aimés.

INFINITIF.

PRÉSENT.

Être aimé.

PARFAIT INDÉFINI.

Avoir été aimé.

PARTICIPES.

PRÉSENT.

Étant aimé.

PARFAIT INDÉFINI.

Ayant été aimé.

CHAPITRE IV.

DES VERBES RÉFLÉCHIS.

§ 131.   OBSERVATIONS.

Les verbes réfléchis se conjuguent avec l'auxiliaire *être* dans leurs temps composés.

On appelle verbes réfléchis *essentiels*, ceux qui ne peuvent se conjuguer autrement qu'avec deux pronoms de la même personne. Tels sont : *s'abstenir, s'emparer, se souvenir, se repentir, s'écouler, s'envoler, s'en aller, s'enfuir, s'évanouir, s'empresser, se méprendre*, etc., qui font : *je m'abstiens, je m'empare, je me souviens, je me repens*, et non *j'abstiens, j'empare, je souviens, je repens*.

On appelle verbes réfléchis *accidentels*, ceux qui peuvent se conjuguer avec un seul pronom, comme *je me félicite, tu te vantes, nous nous distinguons, vous vous plaignez ;* car on peut dire : *je félicite, tu vantes, nous distinguons, vous plaignez.*

La plupart des verbes actifs peuvent devenir réfléchis accidentels.

§ 132.   RÈGLE.

Les verbes réfléchis prennent les deux genres et les deux nombres dans les temps composés, de même que les verbes passifs.

On dit au singulier :

Masculin.	*Féminin.*
Cet homme s'est *emparé.*	Cette femme s'est *emparée.*

On dit au pluriel :

Masculin.	*Féminin.*
Ces hommes se sont *emparés.*	Ces femmes se sont *emparées.*

§ 133. CONJUGAISON DU VERBE RÉFLÉCHI *S'EMPARER*.

INDICATIF.

PRÉSENT.

Je m'empare.
Tu t'empares.
Il s'empare.
Nous nous emparons.
Vous vous emparez.
Ils s'emparent.

IMPARFAIT.

Je m'emparais.
Tu t'emparais.
Il s'emparait.
Nous nous emparions.
Vous vous empariez.
Ils s'emparaient.

PARFAIT DÉFINI.

Je m'emparai.
Tu t'emparas.
Il s'empara.
Nous nous emparâmes.
Vous vous emparâtes.
Ils s'emparèrent.

PARFAIT INDÉFINI.

Je me suis emparé.
Tu t'es emparé.
Il s'est emparé.
Nous nous sommes emparés.
Vous vous êtes emparés.
Ils se sont emparés.

PARFAIT ANTÉRIEUR.

Je me fus emparé.
Tu te fus emparé.
Il se fut emparé.
Nous nous fûmes emparés.
Vous vous fûtes emparés.
Ils se furent emparés.

PLUS-QUE-PARFAIT.

Je m'étais emparé.
Tu t'étais emparé.
Il s'était emparé.
Nous nous étions emparés.
Vous vous étiez emparés.
Ils s'étaient emparés.

FUTUR.

Je m'emparerai.
Tu t'empareras.
Il s'emparera.
Nous nous emparerons.
Vous vous emparerez.
Ils s'empareront.

FUTUR ANTÉRIEUR.

Je me serai emparé.
Tu te seras emparé.
Il se sera emparé.
Nous nous serons emparés.
Vous vous serez emparés.
Ils se seront emparés.

CONDITIONNEL.

PRÉSENT.

Je m'emparerais.
Tu t'emparerais.
Il s'emparerait.
Nous nous emparerions.
Vous vous empareriez.
Ils s'empareraient.

PARFAIT.

Je me serais emparé.
Tu te serais emparé.
Il se serait emparé.
Nous nous serions emparés.
Vous vous seriez emparés.
Ils se seraient emparés.

On dit aussi : *Je me fusse emparé, tu te fusses emparé, il se fût emparé, nous nous fussions emparés, vous vous fussiez emparés, ils se fussent emparés.*

IMPÉRATIF.

PRÉSENT.

Empare-toi.
Emparons-nous.
Emparez-vous.

SUBJONCTIF.

PRÉSENT.

Que je m'empare.
Que tu t'empares.
Qu'il s'empare.
Que nous nous emparions.
Que vous vous empariez.
Qu'ils s'emparent.

IMPARFAIT.

Que je m'emparasse.
Que tu t'emparasses.
Qu'il s'emparât.
Que nous nous emparassions.
Que vous vous emparassiez.
Qu'ils s'emparassent.

PARFAIT INDÉFINI.

Que je me sois emparé.
Que tu te sois emparé.
Qu'il se soit emparé.

Que nous nous soyons emparés.
Que vous vous soyez emparés.
Qu'ils se soient emparés.

PLUS—QUE—PARFAIT.

Que je me fusse emparé.
Que tu te fusses emparé.
Qu'il se fût emparé.
Que nous nous fussions emparés.
Que vous vous fussiez emparés.
Qu'ils se fussent emparés.

INFINITIF.

PRÉSENT.

S'emparer.

PARFAIT INDÉFINI.

S'être emparé.

PARTICIPES.

PRÉSENT.

S'emparant.

PARFAIT DÉFINI.

S'être emparé, s'être emparée.

PARFAIT INDÉFINI.

S'étant emparé.

CHAPITRE V.

DES VERBES NEUTRES.

§ 134.   OBSERVATIONS.

Il y a des verbes neutres des quatre conjugaisons.
La plupart des verbes neutres se conjuguent, comme les verbes actifs, avec l'auxiliaire *avoir*; mais il y en a qui se conjuguent avec l'auxiliaire *être* dans les temps

composés. Presque tous les verbes neutres sont irréguliers; quelques-uns pourtant suivent dans tous les temps simples la conjugaison à laquelle ils appartiennent.

Les verbes neutres qui suivent se conjuguent régulièrement, et prennent l'auxiliaire *être*, comme *arriver*:

1°. *Entrer, tomber, passer, monter, ressusciter, décéder*, qui appartiennent à la première conjugaison;

2°. *Fleurir, périr, verdir*, qui appartiennent à la deuxième conjugaison;

3°. *Descendre*, qui appartient à la quatrième.

§ 135.   **RÈGLE.**

Le participe passé des verbes neutres qui se conjuguent avec l'auxiliaire *être* est susceptible de genres et de nombres, comme celui des verbes passifs et des verbe réfléchis.

On dit au singulier :

Masculin. Mon frère EST TOMBÉ, et non pas A TOMBÉ.
Féminin. Ma sœur EST TOMBÉE, et non pas A TOMBÉ.

On dit au pluriel :

Masculin. Mes frères SONT TOMBÉS, et non pas ONT TOMBÉ.
Féminin. Mes sœurs SONT TOMBÉES, et non pas ONT TOMBÉ.

§ 136. **CONJUGAISON DU VERBE NEUTRE *ARRIVER*.**

INDICATIF.

PRÉSENT.

J'arrive.
Tu arrives.
Il arrive.
Nous arrivons.
Vous arrivez.
Ils arrivent.

IMPARFAIT.

J'arrivais.
Tu arrivais.
Il arrivait.
Nous arrivions.
Vous arriviez.
Ils arrivaient.

PARFAIT DÉFINI.

J'arrivai.
Tu arrivas.
Il arriva.
Nous arrivâmes.
Vous arrivâtes.
Ils arrivèrent.

PARFAIT INDÉFINI.

Je suis arrivé.
Tu es arrivé.
Il est arrivé.

Nous sommes arrivés.
Vous êtes arrivés.
Ils sont arrivés.

PARFAIT ANTÉRIEUR.

Je fus arrivé.
Tu fus arrivé.
Il fut arrivé.
Nous fûmes arrivés.
Vous fûtes arrivés.
Ils furent arrivés.

PLUS-QUE-PARFAIT.

J'étais arrivé.
Tu étais arrivé.
Il était arrivé.
Nous étions arrivés.
Vous étiez arrivés.
Ils étaient arrivés.

FUTUR.

J'arriverai.
Tu arriveras.
Il arrivera.
Nous arriverons.
Vous arriverez.
Ils arriveront.

FUTUR ANTÉRIEUR.

Je serai arrivé.
Tu seras arrivé.
Il sera arrivé.
Nous serons arrivés.
Vous serez arrivés.
Ils seront arrivés.

CONDITIONNEL.

PRÉSENT.

J'arriverais.
Tu arriverais.
Il arriverait.
Nous arriverions.
Vous arriveriez.
Ils arriveraient.

PARFAIT.

Je serais arrivé.

Tu serais arrivé.
Il serait arrivé.
Nous serions arrivés.
Vous seriez arrivés.
Ils seraient arrivés.

On dit aussi : *Je fusse arrivé, tu fusses arrivé, il fût arrivé, nous fussions arrivés, vous fussiez arrivés, ils fussent arrivés.*

IMPÉRATIF.

PRÉSENT.

Arrive.
Arrivons.
Arrivez.

SUBJONCTIF.

PRÉSENT.

Que j'arrive.
Que tu arrives.
Qu'il arrive.
Que nous arrivions.
Que vous arriviez.
Qu'ils arrivent.

IMPARFAIT.

Que j'arrivasse.
Que tu arrivasses.
Qu'il arrivât.
Que nous arrivassions.
Que vous arrivassiez.
Qu'ils arrivassent.

PARFAIT INDÉFINI.

Que je sois arrivé.
Que tu sois arrivé.
Qu'il soit arrivé.
Que nous soyons arrivés.
Que vous soyez arrivés.
Qu'ils soient arrivés.

PLUS-QUE-PARFAIT.

Que je fusse arrivé.
Que tu fusses arrivé.
Qu'il fût arrivé.

Que nous fussions arrivés.
Que vous fussiez arrivés.
Qu'ils fussent arrivés.

INFINITIF.

PRÉSENT.

Arriver.

PARFAIT INDÉFINI.

Être arrivé.

PARTICIPES.

PRÉSENT.

Arrivant.

PARFAIT DÉFINI.

Arrivé, arrivée.

PARFAIT INDÉFINI.

Étant arrivé.

CHAPITRE VI.

DES VERBES UNIPERSONNELS.

---

§ 137.   OBSERVATIONS.

Il y a des verbes *unipersonnels* des quatre conjugaisons.

Ils se conjuguent avec le pronom *il* ou *on*.

Les verbes unipersonnels qui se conjuguent régulièrement sont : *il arrive, on parle, on trouve, on aime, on finit, on reçoit, on rend, on descend, on monte,* etc.

§ 138.   RÈGLE.

Le pronom indéfini *on* indique la troisième personne du singulier :

On PARLE *souvent à tort*, et non pas *on* PARLENT.

§ 139.   CONJUGAISON DU VERBE UNIPERSONNEL
IL IMPORTE.

INDICATIF.

PRÉSENT.

Il importe.

IMPARFAIT.

Il importait.

PARFAIT DÉFINI.

Il importa.

PARFAIT INDÉFINI.

Il a importé.

PARFAIT ANTÉRIEUR.

Il eut importé.

PLUS-QUE-PARFAIT.
Il avait importé.

FUTUR.
Il importera.

FUTUR ANTÉRIEUR.
Il aura importé.

CONDITIONNEL.

PRÉSENT.
Il importerait.

PARFAIT.
Il aurait importé.

SUBJONCTIF.

PRÉSENT.
Qu'il importe.

IMPARFAIT.
Qu'il importât.

PARFAIT INDÉFINI.
Qu'il ait importé.

PLUS-QUE-PARFAIT.
Qu'il eût importé.

INFINITIF.

PRÉSENT.
Importer.

PARTICIPES.

PARFAIT DÉFINI.
Importé.

PARFAIT INDÉFINI.
Ayant importé.

CHAPITRE VII.

VERBES PARTICULIERS DE LA PREMIÈRE CONJUGAISON.

§ 140. DES VERBES EN *cer*.

Les verbes en *cer* adoucissent le *c* dans plusieurs temps, c'est-à-dire qu'on y ajoute une cédille devant *a* et *o* :

Il lança, nous lançons.

§ 141. DES VERBES EN *ger*.

Les verbes en *ger*, par analogie avec les verbes en *cer*, adoucissent le *g* dans tous les mêmes temps, au moyen d'un *e* muet placé devant *a* et *o* :

Il mangea, nous mangeons.

§ 142.   DES VERBES EN *ier*.

1°. Les verbes en *ier* gardent l'*i* qui commence la terminaison des deux premières personnes plurielles de l'imparfait de l'indicatif et des mêmes personnes du présent du subjonctif, quoique le radical se termine par *i :*

Nous liions, vous liiez ; que nous liions, que vous liiez.

Cette règle s'applique aussi au verbe *rire :*

Nous riions, vous riiez ; que nous riions, que vous riiez.

2°. Dans les verbes en *ier*, le futur de l'indicatif et le présent du conditionnel doivent contenir le présent de l'infinitif tout entier, puisque c'est de ce temps qu'ils se forment :

Je lierai, je lierais ; je prierai, je prierais.

La même chose a lieu dans les verbes en *éer, ouer :*

Je créerai, je créerais ; je jouerai, je jouerais.

§ 143.   DES VERBES EN *yer*.

1°. Dans les verbes en *yer*, comme dans les verbes en *ier*, on conserve l'*i* qui commence la terminaison des deux premières personnes plurielles de l'imparfait de l'indicatif et des mêmes personnes du présent du subjonctif, quoique le radical finisse par *y :*

Nous essuyions, vous essuyiez ; que nous essuyions, que vous essuyiez.

2°. Dans les verbes en *yer* on change l'*y* en *i* dans tous les mots où il est suivi d'un *e* muet :

J'essuie, j'essuierai ; je ploie, je ploierai.

Toutefois, parmi ces verbes, l'Académie française écrit alors indistinctement avec *y* ou un *i* ceux dont l'avant-dernière lettre du radical est un *a :*

J'effraye ou j'effraie ; je paye ou je paie.

§ 144.   REMARQUE.

Ce que nous venons de dire des verbes en *yer*, s'applique aux verbes *fuir, voir, croire*, etc. :

Nous fuyions, vous fuyiez ; que nous fuyions, que vous fuyiez.

Nous voyions, vous voyiez ; que nous voyions, que vous voyiez.

Nous croyions, vous croyiez ; que nous croyions, que vous croyiez.

Ils fuient ; que je fuie, que tu fuies, qu'il fuie, qu'ils fuient.

Ils voient ; que je voie, que tu voies, qu'il voie, qu'ils voient.

Ils croient ; que je croie, que tu croies, qu'il croie, qu'ils croient.

§ 145.   DES VERBES EN *eler, eter.*

Dans les verbes en *eler, eter,* on double les lettres *l* et *t* devant un *e* muet.

J'appelle, j'appellerai ; je jette, je jetterai.

Cependant les verbes *acheter* et *geler* prennent l'accent grave sur l'*e* qui précède la lettre *t* ou la lettre *l*, lorsque cette lettre est suivie d'un *e* muet. Nous devons dire aussi que les verbes en *eler* et en *eter* prennent assez généralement aujourd'hui l'accent grave sur l'*e*, et que conséquemment on ne redouble pas la consonne.

§ 146. DES VERBES EN *ecer, emer, ener, eser, ever.*

Tout verbe de la première conjugaison ayant à la dernière syllabe du radical un *e* muet, prend un accent grave sur cet *e* lorsque la syllabe suivante est muette (**1**) :

Je mène, je mènerai, je mènerais ;
Je pèse, je pèserai, je pèserais ;
Je sème, je sèmerai, je sèmerais ;
J'achève, j'achèverai, j'achèverais.

§ 147.   VERBES EN *éder, éler, éter,* etc.

Les verbes de la première conjugaison qui ont à la

---

(1) On entend par syllabe *muette* celle qui est formée par un *e* muet.

dernière syllabe du radical un *é fermé*, changent l'accent aigu en grave, lorsque la syllabe suivante est muette :

Je cède, je cèderai, je cèderais;
J'espère, j'espèrerai, j'espèrerais;
Je règle, je règlerai, je règlerais.

§ 148.　　　　　**VERBES EN** *éger.*

Les verbes en *éger* conservent partout l'accent aigu.
J'allége, j'allégerai, j'allégerais;
Je siége, je siégerai, je siégerais.

§ 149. **CONJUGAISON DES VERBES** *LANCER, MANGER.*

Lancer.

INDICATIF.

PRÉSENT.

Je lance.
Tu lances.
Il lance.
Nous lançons.
Vous lancez.
Ils lancent.

IMPARFAIT.

Je lançais.
Tu lançais.
Il lançait.
Nous lancions.
Vous lanciez.
Ils lançaient.

PARFAIT DÉFINI.

Je lançai.
Tu lanças.
Il lança.
Nous lançâmes.
Vous lançâtes.
Ils lancèrent.

FUTUR.

Je lancerai.
Tu lanceras.

Il lancera.
Nous lancerons.
Vous lancerez.
Ils lanceront.

CONDITIONNEL.

PRÉSENT.

Je lancerais.
Tu lancerais.
Il lancerait.
Nous lancerions.
Vous lanceriez.
Ils lanceraient.

IMPÉRATIF.

PRÉSENT.

Lance.
Lançons.
Lancez.

SUBJONCTIF.

PRÉSENT.

Que je lance.
Que tu lances.
Qu'il lance.
Que nous lancions.

Que vous lanciez.
Qu'ils lancent.

IMPARFAIT.

Que je lançasse.
Que tu lançasses.
Qu'il lançât.
Que nous lançassions.
Que vous lançassiez.
Qu'ils lançassent.

INFINITIF.

PRÉSENT.

Lancer.

PARTICIPES.

PRÉSENT.

Lançant.

PARFAIT DÉFINI.

Lancé, lancée.

Manger.

INDICATIF.

PRÉSENT.

Je mange.
Tu manges.
Il mange.
Nous mangeons.
Vous mangez.
Ils mangent.

IMPARFAIT.

Je mangeais.
Tu mangeais.
Il mangeait.
Nous mangions.
Vous mangiez.
Ils mangeaient.

PARFAIT DÉFINI.

Je mangeai.
Tu mangeas.
Il mangea.
Nous mangeâmes.
Vous mangeâtes.
Ils mangèrent.

FUTUR.

Je mangerai.
Tu mangeras.
Il mangera.
Nous mangerons.
Vous mangerez.
Ils mangeront.

CONDITIONNEL.

PRÉSENT.

Je mangerais.
Tu mangerais.
Il mangerait.
Nous mangerions.
Vous mangeriez.
Ils mangeraient.

IMPÉRATIF.

PRÉSENT.

Mange.
Mangeons.
Mangez.

SUBJONCTIF.

PRÉSENT.

Que je mange.
Que tu manges.
Qu'il mange.
Que nous mangions.
Que vous mangiez.
Qu'ils mangent.

IMPARFAIT.

Que je mangeasse.
Que tu mangeasses.
Qu'il mangeât.
Que nous mangeassions.

Que vous mangeassiez.
Qu'ils mangeassent.

INFINITIF.

PRÉSENT.

Manger.

PARTICIPES.

PRÉSENT.

Mangeant.

PARFAIT DÉFINI.

Mangé, mangée.

§ 150. CONJUGAISON DES VERBES *LIER, ESSUYER*.

Lier.

INDICATIF.

PRÉSENT.

Je lie.
Tu lies.
Il lie.
Nous lions.
Vous liez.
Ils lient.

IMPARFAIT.

Je liais.
Tu liais.
Il liait.
Nous liions.
Vous liiez.
Ils liaient.

PARFAIT DÉFINI.

Jê liai.
Tu lias.
Il lia.
Nous liâmes.
Vous liâtes.
Ils lièrent.

FUTUR.

Je lierai.
Tu lieras.
Il liera.
Nous lierons.

Vous lierez.
Ils lieront.

CONDITIONNEL.

PRÉSENT.

Je lierais.
Tu lierais.
Il lierait.
Nous lierions.
Vous lieriez.
Ils lieraient.

IMPÉRATIF.

PRÉSENT.

Lie.
Lions.
Liez.

SUBJONCTIF.

PRÉSENT.

Que je lie.
Que tu lies.
Qu'il lie.
Que nous liions.
Que vous liiez.
Qu'ils lient.

IMPARFAIT.

Que je liasse.
Que tu liasses.
Qu'il liât.
Que nous liassions.

Que vous liassiez.
Qu'ils liassent.

INFINITIF.

PRÉSENT.

Lier.

PARTICIPES.

PRÉSENT.

Liant.

PARFAIT DÉFINI.

Lié, liée.

Essuyer.

INDICATIF.

PRÉSENT.

J'essuie.
Tu essuies.
Il essuie.
Nous essuyons.
Vous essuyez.
Ils essuient.

IMPARFAIT.

J'essuyais.
Tu essuyais.
Il essuyait.
Nous essuyions.
Vous essuyiez.
Ils essuyaient.

PARFAIT DÉFINI.

J'essuyai.
Tu essuyas.
Il essuya.
Nous essuyâmes.
Vous essuyâtes.
Ils essuyèrent.

FUTUR.

J'essuierai.
Tu essuieras.
Il essuiera.
Nous essuierons.
Vous essuierez.
Ils essuieront.

CONDITIONNEL.

PRÉSENT.

J'essuierais.
Tu essuierais.
Il essuierait.

Nous essuierions.
Vous essuieriez.
Ils essuieraient.

IMPÉRATIF.

PRÉSENT.

Essuie.
Essuyons.
Essuyez.

SUBJONCTIF.

PRÉSENT.

Que j'essuie.
Que tu essuies.
Qu'il essuie.
Que nous essuyions.
Que vous essuyiez.
Qu'ils essuient.

IMPARFAIT.

Que j'essuyasse.
Que tu essuyasses.
Qu'il essuyât.
Que nous essuyassions.
Que vous essuyassiez.
Qu'ils essuyassent.

INFINITIF.

PRÉSENT.

Essuyer.

PARTICIPES.

PRÉSENT.

Essuyant.

PARFAIT DÉFINI.

Essuyé, essuyée.

§ 151. CONJUGAISON DES VERBES : *APPELER, MENER.*

Appeler.

INDICATIF.

PRÉSENT.

J'appelle.
Tu appelles.
Il appelle.
Nous appelons.
Vous appelez.
Ils appellent.

IMPARFAIT.

J'appelais.
Tu appelais.
Il appelait.
Nous appelions.
Vous appeliez.
Ils appelaient.

PARFAIT DÉFINI.

J'appelai.
Tu appelas.
Il appela.
Nous appelâmes.
Vous appelâtes.
Ils appelèrent.

FUTUR.

J'appellerai.
Tu appelleras.
Il appellera.
Nous appellerons.
Vous appellerez.
Ils appelleront.

CONDITIONNEL.

PRÉSENT.

J'appellerais.
Tu appellerais.
Il appellerait.

Nous appellerions.
Vous appelleriez.
Ils appelleraient.

IMPÉRATIF.

PRÉSENT.

Appelle.
Appelons.
Appelez.

SUBJONCTIF.

PRÉSENT.

Que j'appelle.
Que tu appelles.
Qu'il appelle.
Que nous appelions.
Que vous appeliez.
Qu'ils appellent.

IMPARFAIT.

Que j'appelasse.
Que tu appelasses.
Qu'il appelât.
Que nous appelassions.
Que vous appelassiez.
Qu'ils appelassent.

INFINITIF.

PRÉSENT.

Appeler.

PARTICIPES.

PRÉSENT.

Appelant.

PARFAIT DÉFINI.

Appelé, appelée.

Mener.

INDICATIF.

PRÉSENT.

Je mène.
Tu mènes.
Il mène.
Nous menons.
Vous menez.
Ils mènent.

IMPARFAIT.

Je menais.
Tu menais.
Il menait.
Nous menions.
Vous meniez.
Ils menaient.

PARFAIT DÉFINI.

Je menai.
Tu menas.
Il mena.
Nous menâmes.
Vous menâtes.
Ils menèrent.

FUTUR.

Je mènerai.
Tu mèneras.
Il mènera.
Nous mènerons.
Vous mènerez.
Ils mèneront.

CONDITIONNEL.

PRÉSENT.

Je mènerais.
Tu mènerais.
Il mènerait.

Nous mènerions.
Vous mèneriez.
Ils mèneraient.

IMPÉRATIF.

PRÉSENT.

Mène.
Menons.
Menez.

SUBJONCTIF.

PRÉSENT.

Que je mène.
Que tu mènes.
Qu'il mène.
Que nous menions.
Que vous meniez.
Qu'ils mènent.

IMPARFAIT.

Que je menasse.
Que tu menasses.
Qu'il menât.
Que nous menassions
Que vous menassiez.
Qu'ils menassent.

INFINITIF.

PRÉSENT.

Mener.

PARTICIPES.

PRÉSENT.

Menant.

PARFAIT DÉFINI.

Mené, menée.

§ 152. CONJUGAISON DES VERBES *CÉDER, ALLÉGER.*

Céder.

INDICATIF.

PRÉSENT.

Je cède.
Tu cèdes.
Il cède.
Nous cédons.
Vous cédez.
Ils cèdent.

IMPARFAIT.

Je cédais.
Tu cédais.
Il cédait.
Nous cédions.
Vous cédiez.
Ils cédaient.

PARFAIT DÉFINI.

Je cédai.
Tu cédas.
Il céda.
Nous cédâmes.
Vous cédâtes.
Ils cédèrent.

FUTUR.

Je cèderai.
Tu cèderas.
Il cèdera.
Nous cèderons.
Vous cèderez.
Ils cèderont.

CONDITIONNEL.

PRÉSENT.

Je cèderais.
Tu cèderais.
Il cèderait.

Nous cèderions.
Vous cèderiez.
Ils cèderaient.

IMPÉRATIF.

PRÉSENT.

Cède.
Cédons.
Cédez.

SUBJONCTIF.

PRÉSENT.

Que je cède.
Que tu cèdes.
Qu'il cède.
Que nous cédions.
Que vous cédiez.
Qu'ils cèdent.

IMPARFAIT.

Que je cédasse.
Que tu cédasses.
Qu'il cédât.
Que nous cédassions.
Que vous cédassiez.
Qu'ils cédassent.

INFINITIF.

PRÉSENT.

Céder.

PARTICIPES.

PRÉSENT.

Cédant.

PARFAIT DÉFINI.

Cédé, cédée.

Alléger.

INDICATIF.

PRÉSENT.

J'allége.
Tu alléges.
Il allége.
Nous allégeons.
Vous allégez.
Ils allégent.

IMPARFAIT.

J'allégeais.
Tu allégeais.
Il allégeait.
Nous allégions.
Vous allégiez.
Ils allégeaient.

PARFAIT DÉFINI.

J'allégeai.
Tu allégeas.
Il allégea.
Nous allégeâmes.
Vous allégeâtes.
Ils allégèrent.

FUTUR.

J'allégerai.
Tu allégeras.
Il allégera.
Nous allégerons.
Vous allégerez.
Ils allégeront.

CONDITIONNEL.

PRÉSENT.

J'allégerais.
Tu allégerais.
Il allégerait.

Nous allégerions.
Vous allégeriez.
Ils allégeraient.

IMPÉRATIF.

PRÉSENT.

Allége.
Allégeons.
Allégez.

SUBJONCTIF.

PRÉSENT.

Que j'allége.
Que tu alléges.
Qu'il allége.
Que nous allégions.
Que vous allégiez.
Qu'ils allégent.

IMPARFAIT.

Que j'allégeasse.
Que tu allégeasses.
Qu'il allégeât.
Que nous allégeassions.
Que vous allégeassiez.
Qu'ils allégeassent.

INFINITIF.

PRÉSENT.

Alléger.

PARTICIPES.

PRÉSENT.

Allégeant.

PARFAIT DÉFINI.

Allégé, allégée.

§ 153. VERBES A CONJUGUER.

1°. Sur *lancer* :

Élancer, relancer, bercer, placer, tracer, tancer,

menäcer, effacer, annoncer, devancer, influencer, nuancer, balancer, etc.

2°. Sur *manger :*

Changer, affliger, rédiger, exiger, partager, corriger, obliger, plonger, ranger, déranger, louanger, mélanger, vendanger, etc.

3°. Sur *lier :*

Prier, crier, scier, nier, déplier, certifier, colorier, dédier, varier, gratifier, remercier, vérifier, plier, etc.

4°. Sur *essuyer :*

Payer, effrayer, égayer, rayer, ployer, employer, envoyer, côtoyer, nettoyer, essayer, ennuyer, appuyer, etc.

5°. Sur *appeler :*

Rappeler, ciseler, épeler, harceler, peler, cacheter, feuilleter, projeter, étiqueter, empaqueter, etc.

6°. Sur *mener :*

Semer, dépecer, lever, peser, empeser, amener, emmener, promener, relever, soulever, etc.

7°. Sur *céder :*

Révéler, répéter, léguer, altérer, léser, alléguer, déléguer, concéder, intercéder, aliéner, espérer, régler, régner, etc.

8°. Sur *alléger :*

Abréger, assiéger, protéger, siéger, etc.

CHAPITRE VIII.

DES VERBES IRRÉGULIERS.

---

§ 154.   OBSERVATIONS.

Il y a des verbes irréguliers des quatre conjugaisons.

La première conjugaison n'en a que deux.

La deuxième conjugaison en a un certain nombre.

La troisième conjugaison n'a pas un seul verbe régulier, même celui qui sert de modèle.

La quatrième conjugaison renferme autant de verbes irréguliers que les trois autres ensemble.

Nous avons rapproché ceux qui ont le plus d'analogie, et nous ne donnons que les primitifs.

I. — PREMIÈRE CONJUGAISON.

§ 155.   *ALLER, S'EN ALLER, ENVOYER.*

Aller.

INDICATIF.

PRÉSENT.

Je vais.
Tu vas.
Il va.
Nous allons.
Vous allez.
Ils vont.

IMPARFAIT.

J'allais, etc.

PARFAIT DÉFINI.

J'allai, etc.

FUTUR.

J'irai, etc.

CONDITIONNEL.

PRÉSENT.

J'irais, etc.

IMPÉRATIF.

PRÉSENT.

Va.
Allons.
Allez.

SUBJONCTIF.

PRÉSENT.

Que j'aille.
Que tu ailles.
Qu'il aille.
Que nous allions.
Que vous alliez.
Qu'ils aillent.

IMPARFAIT.

Que j'allasse, etc.

INFINITIF.

PRÉSENT.

Aller.

PARTICIPES.

PRÉSENT.

Allant.

PARFAIT DÉFINI.

Allé, allée.

S'en aller.

INDICATIF.

PRÉSENT.

Je m'en vais.
Tu t'en vas.
Il s'en va.
Nous nous en allons.
Vous vous en allez.
Ils s'en vont.

IMPARFAIT.

Je m'en allais, etc.

PARFAIT DÉFINI.

Je m'en allai, etc.

FUTUR.

Je m'en irai, etc.

CONDITIONNEL.

PRÉSENT.

Je m'en irais, etc.

IMPÉRATIF.

PRÉSENT.

Va-t'en.

Allons-nous-en.
Allez-vous-en.

SUBJONCTIF.

PRÉSENT.

Que je m'en aille.
Que tu t'en ailles.
Qu'il s'en aille.
Que nous nous en allions.
Que vous vous en alliez.
Qu'ils s'en aillent.

IMPARFAIT.

Que je m'en allasse, etc.

INFINITIF.

PRÉSENT.

S'en aller.

PARTICIPES.

PRÉSENT.

S'en allant.

PARFAIT DÉFINI.

En allé, en allée (1).

---

(1) Dans les temps composés, il faut avoir soin de placer l'auxiliaire entre *en* et *allé : Il s'en est allé.*

Envoyer.

<table>
<tr><td>

INDICATIF.

PRÉSENT.

J'envoie (1).
Tu envoies.
Il envoie.
Nous envoyons.
Vous envoyez.
Ils envoient.

IMPARFAIT.

J'envoyais, etc.

PARFAIT DÉFINI.

J'envoyai, etc.

FUTUR.

J'enverrai, etc.

CONDITIONNEL.

PRÉSENT.

J'enverrais, etc.

IMPÉRATIF.

PRÉSENT.

Envoie.

</td><td>

Envoyons.
Envoyez.

SUBJONCTIF.

PRÉSENT.

Que j'envoie.
Que tu envoies.
Qu'il envoie.
Que nous envoyions.
Que vous envoyiez.
Qu'ils envoient.

IMPARFAIT.

Que j'envoyasse, etc.

INFINITIF.

PRÉSENT.

Envoyer.

PARTICIPES.

PRÉSENT.

Envoyant.

PARFAIT DÉFINI.

Envoyé, envoyée.

</td></tr>
</table>

II. — DEUXIÈME CONJUGAISON.

§ 156. *MENTIR, SENTIR, PARTIR, SORTIR.*

Mentir.

<table>
<tr><td>

INDICATIF.

PRÉSENT.

Je mens.
Tu mens.
Il ment.
Nous mentons.
Vous mentez.
Ils mentent.

</td><td>

IMPARFAIT.

Je mentais, etc.

PARFAIT DÉFINI.

Je mentis, etc.

FUTUR.

Je mentirai, etc.

</td></tr>
</table>

(1) Voyez, § 143, ce que nous avons dit des verbes en *yer*.

CONDITIONNEL.

PRÉSENT.

Je mentirais, etc.

IMPÉRATIF.

PRÉSENT.

Mens.
Mentons.
Mentez.

SUBJONCTIF.

PRÉSENT.

Que je mente.
Que tu mentes.
Qu'il mente.
Que nous mentions.
Que vous mentiez.
Qu'ils mentent.

IMPARFAIT.

Que je mentisse, etc.

INFINITIF.

PRÉSENT.

Mentir.

PARTICIPES.

PRÉSENT.

Mentant.

PARFAIT DÉFINI.

Menti, mentie.

Sentir.

INDICATIF.

PRÉSENT.

Je sens.
Tu sens.
Il sent.
Nous sentons.
Vous sentez.
Ils sentent.

IMPARFAIT.

Je sentais, etc.

PARFAIT DÉFINI.

Je sentis, etc.

FUTUR.

Je sentirai, etc.

CONDITIONNEL.

PRÉSENT.

Je sentirais, etc.

IMPÉRATIF.

PRÉSENT.

Sens.
Sentons.
Sentez.

SUBJONCTIF.

PRÉSENT.

Que je sente.
Que tu sentes.
Qu'il sente.
Que nous sentions.
Que vous sentiez.
Qu'ils sentent.

IMPARFAIT.

Que je sentisse, etc.

INFINITIF.

PRÉSENT.

Sentir.

PARTICIPES.

PRÉSENT.

Sentant.

PARFAIT DÉFINI.

Senti, sentie.

Partir.

INDICATIF.

PRÉSENT.

Je pars (1).
Tu pars.
Il part.
Nous partons.
Vous partez.
Ils partent.

IMPARFAIT.

Je partais, etc.

PARFAIT DÉFINI.

Je partis.

FUTUR.

Je partirai, etc.

CONDITIONNEL.

PRÉSENT.

Je partirais, etc.

IMPÉRATIF.

PRÉSENT.

Pars.
Partons.
Partez.

SUBJONCTIF.

PRÉSENT.

Que je parte.
Que tu partes.
Qu'il parte.
Que nous partions.
Que vous partiez.
Qu'ils partent.

IMPARFAIT.

Que je partisse, etc.

INFINITIF.

PRÉSENT.

Partir.

PARTICIPES.

PRÉSENT.

Partant.

PARFAIT DÉFINI.

Parti, partie.

Sortir.

INDICATIF.

PRÉSENT.

Je sors (2).
Tu sors.
Il sort.
Nous sortons.
Vous sortez.
Ils sortent.

IMPARFAIT.

Je sortais, etc.

PARFAIT DÉFINI.

Je sortis, etc.

FUTUR.

Je sortirai, etc.

CONDITIONNEL.

PRÉSENT.

Je sortirais, etc.

---

(1) *Répartir* (partager) est régulier.
(2) *Ressortir* (être du ressort) est régulier.

IMPÉRATIF.

PRÉSENT.

Sors.
Sortons.
Sortez.

SUBJONCTIF.

PRÉSENT.

Que je sorte.
Que tu sortes.
Qu'il sorte.
Que nous sortions.
Que vous sortiez.
Qu'ils sortent.

IMPARFAIT.

Que je sortisse, etc.

INFINITIF.

PRÉSENT.

Sortir.

PARTICIPES.

PRÉSENT.

Sortant.

PARFAIT DÉFINI.

Sorti, sortie.

§ 157. *DORMIR, SERVIR, OFFRIR, OUVRIR.*

Dormir.

INDICATIF.

PRÉSENT.

Je dors.
Tu dors.
Il dort.
Nous dormons.
Vous dormez.
Ils dorment.

IMPARFAIT.

Je dormais, etc.

PARFAIT DÉFINI.

Je dormis, etc.

FUTUR.

Je dormirai, etc.

CONDITIONNEL.

PRÉSENT.

Je dormirais, etc.

IMPÉRATIF.

PRÉSENT.

Dors.
Dormons.
Dormez.

SUBJONCTIF.

PRÉSENT.

Que je dorme.
Que tu dormes.
Qu'il dorme.
Que nous dormions.
Que vous dormiez.
Qu'ils dorment.

IMPARFAIT.

Que je dormisse, etc.

INFINITIF.

PRÉSENT.

Dormir.

PARTICIPES.

PRÉSENT.

Dormant.

PARFAIT DÉFINI.

Dormi, dormie.

Servir.

INDICATIF.

PRÉSENT.

Je sers.
Tu sers.
Il sert.
Nous servons.
Vous servez.
Ils servent.

IMPARFAIT.

Je servais, etc.

PARFAIT DÉFINI.

Je servis, etc.

FUTUR.

Je servirai, etc.

CONDITIONNEL.

PRÉSENT.

Je servirais, etc.

IMPÉRATIF.

PRÉSENT.

Sers.
Servons.
Servez.

SUBJONCTIF.

PRÉSENT.

Que je serve.
Que tu serves.
Qu'il serve.
Que nous servions.
Que vous serviez.
Qu'ils servent.

IMPARFAIT.

Que je servisse, etc.

INFINITIF.

PRÉSENT.

Servir (1).

PARTICIPES.

PRÉSENT.

Servant.

PARFAIT DÉFINI.

Servi, servie.

Offrir.

INDICATIF.

PRÉSENT.

J'offre.
Tu offres.
Il offre.
Nous offrons.
Vous offrez.
Ils offrent.

IMPARFAIT.

J'offrais, etc.

PARFAIT DÉFINI.

J'offris, etc.

FUTUR.

J'offrirai, etc.

CONDITIONNEL.

PRÉSENT.

J'offrirais, etc.

IMPÉRATIF.

PRÉSENT.

Offre.
Offrons.
Offrez.

(1) *Asservir* est régulier.

SUBJONCTIF.

PRÉSENT.

Que j'offre.
Que tu offres.
Qu'il offre.
Que nous offrions.
Que vous offriez.
Qu'ils offrent.

IMPARFAIT.

Que j'offrisse, etc.

INFINITIF.

PRÉSENT.

Offrir.

PARTICIPE.

PRÉSENT.

Offrant.

PARFAIT DÉFINI.

Offert, offerte.

Ouvrir.

INDICATIF.

PRÉSENT.

J'ouvre.
Tu ouvres.
Il ouvre.
Nous ouvrons.
Vous ouvrez.
Ils ouvrent.

IMPARFAIT.

J'ouvrais, etc.

PARFAIT DÉFINI.

J'ouvris, etc.

FUTUR.

J'ouvrirai, etc.

CONDITIONNEL.

PRÉSENT.

J'ouvrirais, etc.

IMPÉRATIF.

PRÉSENT.

Ouvre.

Ouvrons.
Ouvrez.

SUBJONCTIF.

PRÉSENT.

Que j'ouvre.
Que tu ouvres.
Qu'il ouvre.
Que nous ouvrions.
Que vous ouvriez.
Qu'ils ouvrent.

IMPARFAIT.

Que j'ouvrisse.

INFINITIF.

PRÉSENT.

Ouvrir (1).

PARTICIPES.

PRÉSENT.

Ouvrant.

PARFAIT DÉFINI.

Ouvert, ouverte.

(1) Il faut bien se garder de confondre les temps du verbe *recouvrir* avec ceux du verbe *recouvrer*, qui signifie *retrouver, rentrer en possession de....*

§ 158. *ASSAILLIR, FUIR, S'ENFUIR.*

Assaillir.

INDICATIF.

PRÉSENT.

J'assaillis.
Tu assaillis.
Il assaillit.
Nous assaillissons.
Vous assaillissez.
Ils assaillissent.

IMPARFAIT.

J'assaillissais, etc.

PARFAIT DÉFINI.

J'assaillis, etc.

FUTUR.

J'assaillirais, etc.

CONDITIONNEL.

PRÉSENT.

J'assaillirais, etc.

IMPÉRATIF.

PRÉSENT.

Assaillis.
Assaillissons.
Assaillissez.

SUBJONCTIF.

PRÉSENT.

Que j'assaillisse.
Que tu assaillisses.
Qu'il assaillisse.
Que nous assaillissions.
Que vous assaillissiez.
Qu'ils assaillissent.

IMPARFAIT.

Que j'assaillisse.

INFINITIF.

PRÉSENT.

Assaillir (1).

PARTICIPES.

PRÉSENT.

Assaillant.

PARFAIT DÉFINI.

Assailli, assaillie.

Fuir.

INDICATIF.

PRÉSENT.

Je fuis (2).
Tu fuis.
Il fuit.
Nous fuyons.
Vous fuyez.
Ils fuient.

IMPARFAIT.

J fuyais, etc.

PARFAIT DÉFINI.

Je fuis, etc.

FUTUR.

Je fuirai, etc.

---

(1) *Tressaillir* se conjugue comme *assaillir*.
(2) Voir, § 144, ce que nous avons dit de ce verbe.

CONDITIONNEL.

PRÉSENT.

Je fuirais, etc.

IMPÉRATIF.

PRÉSENT.

Fuis.
Fuyons.
Fuyez.

SUBJONCTIF.

PRÉSENT.

Que je fuie.
Que tu fuies.
Qu'il fuie.

Que nous fuyions.
Que vous fuyiez.
Qu'ils fuient.

IMPARFAIT.

Que je fuisse, etc.

INFINITIF.

PRÉSENT.

Fuir.

PARTICIPES.

PRÉSENT.

Fuyant.

PARFAIT DÉFINI.

Fui.

S'enfuir.

INDICATIF.

PRÉSENT.

Je m'enfuis.
Tu t'enfuis.
Il s'enfuit.
Nous nous enfuyons.
Vous vous enfuyez.
Ils s'enfuient.

IMPARFAIT.

Je m'enfuyais, etc.

PARFAIT DÉFINI.

Je m'enfuis, etc.

FUTUR.

Je m'enfuirai, etc.

CONDITIONNEL.

PRÉSENT.

Je m'enfuirais, etc.

IMPÉRATIF.

PRÉSENT.

Enfuis-toi.

Enfuyons-nous.
Enfuyez-vous.

SUBJONCTIF.

PRÉSENT.

Que je m'enfuie.
Que tu t'enfuies.
Qu'il s'enfuie.
Que nous nous enfuyions.
Que vous vous enfuyiez.
Qu'ils s'enfuient.

IMPARFAIT.

Que je m'enfuisse, etc.

INFINITIF.

PRÉSENT.

S'enfuir.

PARTICIPES.

PRÉSENT.

S'enfuyant.

PARFAIT DÉFINI.

Enfui, enfuie.

§ 159, *ACQUÉRIR, COURIR, MOURIR.*

Acquérir.

INDICATIF.

PRÉSENT.

J'acquiers.
Tu acquiers.
Il acquiert.
Nous acquérons.
Vous acquérez.
Ils acquièrent.

IMPARFAIT.

J'acquérais, etc.

PARFAIT DÉFINI.

J'acquis, etc.

FUTUR.

J'acquerrai, etc.

CONDITIONNEL.

PRÉSENT.

J'acquerrais, etc.

IMPÉRATIF.

PRÉSENT.

Acquiers.
Acquérons.
Acquérez.

SUBJONCTIF.

PRÉSENT.

Que j'acquière.
Que tu acquières.
Qu'il acquière.
Que nous acquérions.
Que vous acquériez.
Qu'ils acquièrent.

IMPARFAIT.

Que j'acquisse, etc.

INFINITIF.

PRÉSENT.

Acquérir (1).

PARTICIPES.

PRÉSENT.

Acquérant.

PARFAIT DÉFINI.

Acquis, acquise.

Courir.

INDICATIF.

PRÉSENT.

Je cours.
Tu cours.
Il court.
Nous courons.
Vous courez.
Ils courent.

IMPARFAIT.

Je courais, etc.

PARFAIT DÉFINI.

Je courus, etc.

FUTUR.

Je courrai, etc.

______

(1) *S'enquérir* se conjugue comme *acquérir.*

CONDITIONNEL.

PRÉSENT.

Je courrais, etc.

IMPÉRATIF.

PRÉSENT.

Cours.
Courons.
Courez.

SUBJONCTIF.

PRÉSENT.

Que je coure.
Que tu coures.
Qu'il coure.
Que nous courions.
Que vous couriez.
Qu'ils courent.

IMPARFAIT.

Que je courusse, etc.

INFINITIF.

PRÉSENT.

Courir (1).

PARTICIPES.

PRÉSENT.

Courant.

PARFAIT DÉFINI.

Couru, courue.

Mourir.

INDICATIF.

PRÉSENT.

Je meurs.
Tu meurs.
Il meurt.
Nous mourons.
Vous mourez.
Ils meurent.

IMPARFAIT.

Je mourais, etc.

PARFAIT DÉFINI.

Je mourus, etc.

FUTUR.

Je mourrai, etc.

CONDITIONNEL.

PRÉSENT.

Je mourrais, etc.

IMPÉRATIF.

PRÉSENT.

Meurs.
Mourons.
Mourez.

SUBJONCTIF.

PRÉSENT.

Que je meure.
Que tu meures.
Qu'il meure.
Que nous mourions.
Que vous mouriez.
Qu'ils meurent.

IMPARFAIT.

Que je mourusse, etc.

INFINITIF.

PRÉSENT.

Mourir.

PARTICIPES.

PRÉSENT.

Mourant.

PARFAIT DÉFINI.

Mort, morte.

____

(1) *Courre*, en termes de chasse et d'équitation, a le même sens que *courir* : COURRE *le cerf*, COURRE *un cheval.*

§ 160.   *BOUILLIR, HAÏR, VÊTIR, REVÊTIR.*

Bouillir.

INDICATIF.

PRÉSENT.

Je bous.
Tu bous.
Il bout.
Nous bouillons.
Vous bouillez.
Ils bouillent.

IMPARFAIT.

Je bouillais, etc.

PARFAIT DÉFINI.

Je bouillis.

FUTUR.

Je bouillirai, etc.

CONDITIONNEL.

PRÉSENT.

Je bouillirais, etc.

IMPÉRATIF.

PRÉSENT.

Bous.
Bouillons.
Bouillez.

SUBJONCTIF.

PRÉSENT.

Que je bouille.
Que tu bouilles.
Qu'il bouille.
Que nous bouillions.
Que vous bouilliez.
Qu'ils bouillent.

IMPARFAIT.

Que je bouillisse, etc.

INFINITIF.

PRÉSENT.

Bouillir.

PARTICIPES.

PRÉSENT.

Bouillant.

PARFAIT DÉFINI.

Bouilli, bouillie.

Haïr.

INDICATIF.

PRÉSENT.

Je hais (1).
Tu hais.
Il hait.
Nous haïssons.
Vous haïssez.
Ils haïssent.

IMPARFAIT.

Je haïssais, etc.

PARFAIT DÉFINI.

Je haïs, etc.

---

(1) 1°. Ce verbe prend un tréma sur l'*i* dans toute la conjugaison, excepté aux trois premières personnes du singulier du présent de l'indicatif : *Je hais, tu hais, il hait ;* et à la deuxième personne du singulier du présent de l'impératif : *Hais.*

2°. Le tréma remplace l'accent circonflexe aux deux premières personnes plurielles du parfait défini de l'indicatif : *Nous haïmes, vous haïtes ;* et à la troisième personne du singulier de l'imparfait du subjonctif : *Qu'il haït.*

FUTUR.

Je haïrai, etc.

CONDITIONNEL.

PRÉSENT.

Je haïrais, etc.

IMPÉRATIF.

PRÉSENT.

Hais.
Haïssons.
Haïssez.

SUBJONCTIF.

PRÉSENT.

Que je haïsse.
Que tu haïsses.

Qu'il haïsse.
Que nous haïssions.
Que vous haïssiez.
Qu'ils haïssent.

IMPARFAIT.

Que je haïsse, etc.

INFINITIF.

PRÉSENT.

Haïr.

PARTICIPES.

PRÉSENT.

Haïssant.

PARFAIT DÉFINI.

Haï, haïe.

Vêtir.

INDICATIF.

PRÉSENT.

Je vêts.
Tu vêts.
Il vêt.
Nous vêtons.
Vous vêtez.
Ils vêtent.

IMPARFAIT.

Je vêtais, etc.

PARFAIT DÉFINI.

Je vêtis.

FUTUR.

Je vêtirai, etc.

CONDITIONNEL.

PRÉSENT.

Je vêtirais, etc.

IMPÉRATIF.

PRÉSENT.

Vêts.

Vêtons.
Vêtez.

SUBJONCTIF.

PRÉSENT.

Que je vête.
Que tu vêtes.
Qu'il vête.
Que nous vêtions.
Que vous vêtiez.
Qu'ils vêtent.

IMPARFAIT.

Que je vêtisse, etc.

INFINITIF.

PRÉSENT.

Vêtir, etc.

PARTICIPES.

PRÉSENT.

Vêtant.

PARFAIT DÉFINI.

Vêtu, vêtue.

Revêtir.

INDICATIF.

PRÉSENT.

Je revêts.
Tu revêts
Il revêt.
Nous revêtons.
Vous revêtez.
Ils revêtent.

IMPARFAIT.

Je revêtais, etc.

PARFAIT DÉFINI.

Je revêtis, etc.

FUTUR.

Je revêtirai, etc.

CONDITIONNEL.

PRÉSENT.

Je revêtirais, etc.

IMPÉRATIF.

PRÉSENT.

Revêts.
Revêtons.
Revêtez.

SUBJONCTIF.

PRÉSENT.

Que je revête.
Que tu revêtes.
Qu'il revête.
Que nous revêtions.
Que vous revêtiez.
Qu'ils revêtent.

IMPARFAIT.

Que je revêtisse, etc.

INFINITIF.

PRÉSENT.

Revêtir.

PARTICIPES.

PRÉSENT.

Revêtant.

PARFAIT DÉFINI.

Revêtu, revêtue.

§ 161.	*CUEILLIR, TENIR, VENIR.*

Cueillir.

INDICATIF.

PRÉSENT.

Je cueille.
Tu cueilles.
Il cueille.
Nous cueillons.
Vous cueillez.
Ils cueillent.

IMPARFAIT.

Je cueillais, etc.

PARFAIT DÉFINI.

Je cueillis, etc.

FUTUR.

Je cueillerai, etc.

CONDITIONNEL.

PRÉSENT.

Je cueillerais, etc.

IMPÉRATIF.

PRÉSENT.

Cueille.
Cueillons.
Cueillez.

SUBJONCTIF.

PRÉSENT.

Que je cueille.
Que tu cueilles.
Qu'il cueille.
Que nous cueillions.
Que vous cueilliez.
Qu'ils cueillent.

IMPARFAIT.

Que je cueillisse, etc.

INFINITIF.

PRÉSENT.

Cueillir.

PARTICIPES.

PRÉSENT.

Cueillant.

PARFAIT DÉFINI.

Cueilli, cueillie.

Tenir.

INDICATIF.

PRÉSENT.

Je tiens.
Tu tiens.
Il tient.
Nous tenons.
Vous tenez.
Ils tiennent.

IMPARFAIT.

Je tenais, etc.

PARFAIT DÉFINI.

Je tins, etc.

FUTUR.

Je tiendrai, etc.

CONDITIONNEL.

PRÉSENT.

Je tiendrais, etc.

IMPÉRATIF.

PRÉSENT.

Tiens.
Tenons.
Tenez.

SUBJONCTIF.

PRÉSENT.

Que je tienne.
Que tu tiennes.
Qu'il tienne.
Que nous tenions.
Que vous teniez.
Qu'ils tiennent.

IMPARFAIT.

Que je tinsse, etc.

INFINITIF.

PRÉSENT.

Tenir (1).

PARTICIPES.

PRÉSENT.

Tenant.

PARFAIT DÉFINI.

Tenu, tenue.

---

(1) Dans les verbes en *enir*, comme dans les verbes en *eler*, *eter*, on double la consonne *n* devant un *e* muet.

Venir.

INDICATIF.

PRÉSENT.

Je viens.
Tu viens.
Il vient.
Nous venons.
Vous venez.
Ils viennent.

IMPARFAIT.

Je venais, etc.

PARFAIT DÉFINI.

Je vins, etc.

FUTUR.

Je viendrai, etc.

CONDITIONNEL.

PRÉSENT.

Je viendrais, etc.

IMPÉRATIF.

PRÉSENT.

Viens.
Venons.
Venez.

SUBJONCTIF.

PRÉSENT.

Que je vienne.
Que tu viennes.
Qu'il vienne.
Que nous venions.
Que vous veniez.
Qu'ils viennent.

IMPARFAIT.

Que je vinsse, etc.

INFINITIF.

PRÉSENT.

Venir.

PARTICIPES.

PRÉSENT.

Venant.

PARFAIT DÉFINI.

Venu, venue.

III. — TROISIÈME CONJUGAISON.

§ 162. *VOIR, ENTREVOIR, PRÉVOIR, POURVOIR.*

Voir.

INDICATIF.

PRÉSENT.

Je vois (1).
Tu vois.
Il voit.
Nous voyons.
Vous voyez.
Ils voient.

IMPARFAIT.

Je voyais, etc.

PARFAIT DÉFINI.

Je vis, etc.

FUTUR.

Je verrai, etc.

---

(1) Voir, § 144, ce que nous avons dit de ce verbe.

CONDITIONNEL.

PRÉSENT.

Je verrais, etc.

IMPÉRATIF.

PRÉSENT.

Vois.
Voyons.
Voyez.

SUBJONCTIF.

PRÉSENT.

Que je voie.
Que tu voies.
Qu'il voie.
Que nous voyions.
Que vous voyiez.
Qu'ils voient.

IMPARFAIT.

Que je visse, etc.

INFINITIF.

PRÉSENT.

Voir.

PARTICIPES.

PRÉSENT.

Voyant.

PARFAIT DÉFINI.

Vu, vue.

Entrevoir.

INDICATIF.

PRÉSENT.

J'entrevois.
Tu entrevois.
Il entrevoit.
Nous entrevoyons.
Vous entrevoyez.
Ils entrevoient.

IMPARFAIT.

J'entrevoyais, etc.

PARFAIT DÉFINI.

J'entrevis, etc.

FUTUR.

J'entreverrai, etc.

CONDITIONNEL.

PRÉSENT.

J'entreverrais, etc.

IMPÉRATIF.

PRÉSENT

Entrevois.
Entrevoyons.
Entrevoyez.

SUBJONCTIF.

PRÉSENT.

Que j'entrevoie.
Que tu entrevoies.
Qu'il entrevoie.
Que nous entrevoyions.
Que vous entrevoyiez.
Qu'ils entrevoient.

IMPARFAIT.

Que j'entrevisse, etc.

INFINITIF.

PRÉSENT.

Entrevoir.

PARTICIPES.

PRÉSENT.

Entrevoyant.

PARFAIT DÉFINI.

Entrevu, entrevue.

Prévoir.

INDICATIF.

PRÉSENT.

Je prévois.
Tu prévois.
Il prévoit.
Nous prévoyons.
Vous prévoyez.
Ils prévoient.

IMPARFAIT.

Je prévoyais, etc.

PARFAIT DÉFINI.

Je prévis, etc.

FUTUR.

Je préverrai, etc.

CONDITIONNEL.

PRÉSENT.

Je préverrais, etc.

IMPÉRATIF.

PRÉSENT.

Prévois.
Prévoyons.
Prévoyez.

SUBJONCTIF.

PRÉSENT.

Que je prévoie.
Que tu prévoies.
Qu'il prévoie.
Que nous prévoyions.
Que vous prévoyiez.
Qu'ils prévoient.

IMPARFAIT.

Que je prévisse, etc.

INFINITIF.

PRÉSENT.

Prévoir.

PARTICIPES.

PRÉSENT.

Prévoyant.

PARFAIT DÉFINI.

Prévu, prévue.

Pourvoir.

INDICATIF.

PRÉSENT.

Je pourvois.
Tu pourvois.
Il pourvoit.
Nous pourvoyons.
Vous pourvoyez.
Ils pourvoient.

IMPARFAIT.

Je pourvoyais, etc.

PARFAIT DÉFINI.

Je pourvus, etc.

FUTUR.

Je pourvoirai, etc.

CONDITIONNEL.

PRÉSENT.

Je pourvoirais, etc.

IMPÉRATIF.

PRÉSENT.

Pourvois.
Pourvoyons.
Pourvoyez.

SUBJONCTIF.

PRÉSENT.

Que je pourvoie.
Que tu pourvoies.
Qu'il pourvoie.
Que nous pourvoyions.
Que vous pourvoyiez.
Qu'ils pourvoient.

IMPARFAIT.

Que je pourvusse, etc.

INFINITIF.

PRÉSENT.

Pourvoir.

PARTICIPES.

PRÉSENT.

Pourvoyant.

PARFAIT DÉFINI.

Pourvu, pourvue.

§ 163.　*MOUVOIR, POUVOIR, VOULOIR.*

Mouvoir.

INDICATIF.

PRÉSENT.

Je meus.
Tu meus.
Il meut.
Nous mouvons.
Vous mouvez.
Ils meuvent.

IMPARFAIT.

Je mouvais, etc.

PARFAIT DÉFINI.

Je mus, etc.

FUTUR.

Je mouvrai, etc.

CONDITIONNEL.

PRÉSENT.

Je mouvrais, etc.

IMPÉRATIF.

PRÉSENT.

Meus.
Mouvons.
Mouvez.

SUBJONCTIF.

PRÉSENT.

Que je meuve.
Que tu meuves.
Qu'il meuve.
Que nous mouvions.
Que vous mouviez.
Qu'ils meuvent.

IMPARFAIT.

Que je musse, etc.

INFINITIF.

PRÉSENT.

Mouvoir.

PARTICIPES.

PRÉSENT.

Mouvant.

PARFAIT DÉFINI.

Mû, mue.

Pouvoir.

INDICATIF.

PRÉSENT.

Je peux.
Tu peux.
Il peut.
Nous pouvons.
Vous pouvez.
Ils peuvent.

IMPARFAIT.

Je pouvais, etc.

PARFAIT DÉFINI.

Je pus, etc.

FUTUR.

Je pourrai, etc.

CONDITIONNEL.

PRÉSENT.

Je pourrais, etc.

SUBJONCTIF.

PRÉSENT.

Que je puisse.
Que tu puisses.
Qu'il puisse.
Que nous puissions.
Que vous puissiez.
Qu'ils puissent.

IMPARFAIT.

Que je pusse, etc.

INFINITIF.

PRÉSENT.

Pouvoir.

PARTICIPES.

PRÉSENT.

Pouvant.

PARFAIT DÉFINI.

Pu (*invariable*).

Vouloir.

INDICATIF.

PRÉSENT.

Je veux.
Tu veux.
Il veut.
Nous voulons.
Vous voulez.
Ils veulent.

IMPARFAIT.

Je voulais, etc.

PARFAIT DÉFINI.

Je voulus, etc.

FUTUR.

Je voudrai, etc.

CONDITIONNEL.

PRÉSENT.

Je voudrais, etc.

IMPÉRATIF.

PRÉSENT.

Veux.
Voulons.
Voulez.

SUBJONCTIF.

PRÉSENT.

Que je veuille.
Que tu veuilles.
Qu'il veuille.
Que nous voulions.
Que vous vouliez.
Qu'ils veuillent.

IMPARFAIT.

Que je voulusse, etc.

INFINITIF.

PRÉSENT.

Vouloir.

PARTICIPES.

PRÉSENT.

Voulant.

PARFAIT DÉFINI.

Voulu, voulue.

§ 164. *VALOIR, PRÉVALOIR, ASSEOIR, S'ASSEOIR.*

Valoir.

INDICATIF.

PRÉSENT.

Je vaux.
Tu vaux.
Il vaut.
Nous valons.
Vous valez.
Ils valent.

IMPARFAIT.

Je valais, etc.

PARFAIT DÉFINI.

Je valus, etc.

FUTUR.

Je vaudrai, etc.

CONDITIONNEL.

PRÉSENT.

Je vaudrais, etc.

SUBJONCTIF.

PRÉSENT.

Que je vaille.
Que tu vailles.
Qu'il vaîlle.
Que nous valions.
Que vous valiez.
Qu'ils vaillent.

IMPARFAIT.

Que je valusse, etc.

INFINITIF.

PRÉSENT.

Valoir.

PARTICIPES.

PRÉSENT.

Valant.

PARFAIT DÉFINI.

Valu, value.

Prévaloir.

INDICATIF.

PRÉSENT.

Je prévaux.
Tu prévaux.
Il prévaut.
Nous prévalons.
Vous prévalez.
Ils prévalent.

IMPARFAIT.

Je prévalais, etc.

PARFAIT DÉFINI.

Je prévalus, etc.

FUTUR.

Je prévaudrai, etc.

CONDITIONNEL.

PRÉSENT.

Je prévaudrais, etc.

SUBJONCTIF.

PRÉSENT.

Que je prévale.
Que tu prévales.
Qu'il prévale.
Que nous prévalions.
Que vous prévaliez.
Qu'ils prévalent.

IMPARFAIT.

Que je prévalusse, etc.

INFINITIF.

PRÉSENT.

Prévaloir.

PARTICIPES.

PRÉSENT.

Prévalant.

PARFAIT DÉFINI.

Prévalu, prévalue.

Asseoir.

INDICATIF.

PRÉSENT.

J'assieds.
Tu assieds.
Il assied.
Nous asseyons.
Vous asseyez.
Ils asséient.

IMPARFAIT.

J'asseyais, etc.

PARFAIT DÉFINI.

J'assis, etc.

IMPÉRATIF.

PRÉSENT.

Assieds.
Asseyons.
Asseyez.

SUBJONCTIF.

PRÉSENT.

Que j'asséie.
Que tu asséies.
Qu'il asséie.
Que nous asseyions.
Que vous asseyiez.
Qu'ils asséient.

IMPARFAIT.

Que j'assisse, etc.

INFINITIF.

PRÉSENT.

Asseoir.

PARTICIPES.

PRÉSENT.

Asseyant.

PARFAIT DÉFINI.

Assis, assise.

S'asseoir.

INDICATIF.

PRÉSENT.

Je m'assieds.
Tu t'assieds.
Il s'assied.
Nous nous asseyons.
Vous vous asseyez.
Ils s'asséient.

IMPARFAIT.

Je m'asseyais, etc.

PARFAIT DÉFINI.

Je m'assis, etc.

IMPÉRATIF.

PRÉSENT.

Assieds-toi.
Asseyons-nous.
Asseyez-vous.

SUBJONCTIF.

PRÉSENT.

Que je m'asséie.
Que tu t'assiées.
Qu'il s'asséie.
Que nous nous asseyions.

Que vous vous asseyiez.
Qu'ils s'asséient.

IMPARFAIT.

Que je m'assisse, etc.

INFINITIF.

PRÉSENT.

S'asseoir.

PARTICIPES.

PRÉSENT.

S'asseyant.

PARFAIT DÉFINI.

Assis, assise.

IV. — QUATRIÈME CONJUGAISON.

§ 165. *CRAINDRE, PEINDRE, JOINDRE* (1).

Craindre.

INDICATIF.

PRÉSENT.

Je crains.
Tu crains.
Il craint.
Nous craignons.
Vous craignez.
Ils craignent.

IMPARFAIT.

Je craignais, etc.

PARFAIT DÉFINI.

Je craignis, etc.

FUTUR.

Je craindrai, etc.

CONDITIONNEL.

PRÉSENT.

Je craindrais, etc.

IMPÉRATIF.

PRÉSENT.

Crains.
Craignons.
Craignez.

---

(1) Ainsi se conjuguent *plaindre, contraindre, feindre, teindre, ceindre, éteindre, enfreindre, empreindre, restreindre,* et tous les verbes terminés en *aindre, eindre, oindre.*

SUBJONCTIF.

PRÉSENT.

Que je craigne.
Que tu craignes.
Qu'il craigne.
Que nous craignions.
Que vous craigniez.
Qu'ils craignent.

IMPARFAIT.

Que je craignisse, etc.

INFINITIF.

PRÉSENT.

Craindre.

PARTICIPES.

PRÉSENT.

Craignant.

PARFAIT DÉFINI.

Craint, crainte.

Peindre.

INDICATIF.

PRÉSENT.

Je peins.
Tu peins.
Il peint.
Nous peignons.
Vous peignez.
Ils peignent.

IMPARFAIT.

Je peignais, etc.

PARFAIT DÉFINI.

Je peignis, etc.

FUTUR.

Je peindrai, etc.

CONDITIONNEL.

PRÉSENT.

Je peindrais, etc.

IMPÉRATIF.

PRÉSENT.

Peins.
Peignons.
Peignez.

SUBJONCTIF.

PRÉSENT.

Que je peigne.
Que tu peignes.
Qu'il peigne.
Que nous peignions.
Que vous peigniez.
Qu'ils peignent.

IMPARFAIT.

Que je peignisse, etc.

INFINITIF.

PRÉSENT.

Peindre.

PARTICIPES.

PRÉSENT.

Peignant.

PARFAIT DÉFINI.

Peint, peinte.

Joindre.

INDICATIF.

PRÉSENT.

Je joins.
Tu joins.
Il joint.
Nous joignons.
Vous joignez.
Ils joignent.

IMPARFAIT.

Je joignais, etc.

PARFAIT DÉFINI.

Je joignis, etc.

FUTUR.

Je joindrai, etc.

CONDITIONNEL.

PRÉSENT.

Je joindrais, etc.

IMPÉRATIF.

PRÉSENT.

Joins.
Joignons.
Joignez.

SUBJONCTIF.

PRÉSENT.

Que je joigne.

Que tu joignes.
Qu'il joigne.
Que nous joignions.
Que vous joigniez.
Qu'ils joignent.

IMPARFAIT.

Que je joignisse, etc.

INFINITIF.

PRÉSENT.

Joindre.

PARTICIPES.

PRÉSENT.

Joignant.

PARFAIT DÉFINI.

Joint, jointe.

§ 166. *COUDRE, MOUDRE, ABSOUDRE, RÉSOUDRE.*

Coudre.

INDICATIF.

PRÉSENT.

Je couds.
Tu couds.
Il coud.
Nous cousons.
Vous cousez.
Ils cousent.

IMPARFAIT.

Je cousais, etc.

PARFAIT DÉFINI.

Je cousis, etc.

FUTUR.

Je coudrai, etc.

CONDITIONNEL.

PRÉSENT.

Je coudrais, etc.

IMPÉRATIF.

PRÉSENT.

Couds.
Cousons.
Cousez.

SUBJONCTIF.

PRÉSENT.

Que je couse.
Que tu couses.
Qu'il couse.
Que nous cousions.
Que vous cousiez.
Qu'ils cousent.

IMPARFAIT.

Que je cousisse, etc.

INFINITIF.

PRÉSENT.

Coudre.

PARTICIPES.

PRÉSENT.

Cousant.

PARFAIT DÉFINI.

Cousu, cousue.

Moudre.

INDICATIF.

PRÉSENT.

Je mouds.
Tu mouds.
Il moud.
Nous moulons.
Vous moulez.
Ils moulent.

IMPARFAIT.

Je moulais, etc.

PARFAIT DÉFINI.

Je moulus, etc.

FUTUR.

Je moudrai, etc.

CONDITIONNEL.

PRÉSENT.

Je moudrais, etc.

IMPÉRATIF.

PRÉSENT.

Mouds.

Moulons.
Moulez.

SUBJONCTIF.

PRÉSENT.

Que je moule.
Que tu moules.
Qu'il moule.
Que nous moulions.
Que vous mouliez.
Qu'ils moulent.

IMPARFAIT.

Que je moulusse, etc.

INFINITIF.

PRÉSENT.

Moudre.

PARTICIPES.

PRÉSENT.

Moulant.

PARFAIT DÉFINI.

Moulu, moulue.

Absoudre.

INDICATIF.

PRÉSENT.

J'absous.
Tu absous.
Il absout.
Nous absolvons.
Vous absolvez.
Ils absolvent.

IMPARFAIT.

J'absolvais, etc.

[Pas de parfait défini.]

FUTUR.

J'absoudrai, etc.

CONDITIONNEL.

PRÉSENT.

J'absoudrais, etc.

IMPÉRATIF.

PRÉSENT.

Absous.
Absolvons.
Absolvez.

SUBJONCTIF.

PRÉSENT.

Que j'absolve.
Que tu absolves.
Qu'il absolve.
Que nous absolvions.
Que vous absolviez.
Qu'ils absolvent.

[Pas d'imparfait.]

INFINITIF.

PRÉSENT.

Absoudre (1).

PARTICIPES.

PRÉSENT.

Absolvant.

PARFAIT DÉFINI.

Absous, absoute.

Résoudre.

INDICATIF.

PRÉSENT.

Je résous.
Tu résous.
Il résout.
Nous résolvons.
Vous résolvez.
Ils résolvent.

IMPARFAIT.

Je résolvais, etc.

PARFAIT DÉFINI.

Je résolus, etc.

FUTUR.

Je résoudrai, etc.

CONDITIONNEL.

PRÉSENT.

Je résoudrais, etc.

IMPÉRATIF.

PRÉSENT.

Résous.
Résolvons.
Résolvez.

SUBJONCTIF.

PRÉSENT.

Que je résolve.
Que tu résolves.
Qu'il résolve.
Que nous résolvions.
Que vous résolviez.
Qu'ils résolvent.

IMPARFAIT.

Que je résolusse, etc.

INFINITIF.

PRÉSENT.

Résoudre.

PARTICIPES.

PRÉSENT.

Résolvant.

PARFAIT DÉFINI.

Résolu, résolue (2).

(1) *Dissoudre* se conjugue comme *absoudre*.
(2) Dans le sens physique, on emploie *résous* (invariable) : *Brouillard* RÉSOUS *en pluie.*

§ 167. *PLAIRE, TAIRE, TRAIRE, EXTRAIRE.*

Plaire.

INDICATIF.

PRÉSENT.

Je plais.
Tu plais.
Il plaît.
Nous plaisons.
Vous plaisez.
Ils plaisent.

IMPARFAIT.

Je plaisais, etc.

PARFAIT DÉFINI.

Je plus, etc.

FUTUR.

Je plairai, etc.

CONDITIONNEL.

PRÉSENT.

Je plairais, etc.

IMPÉRATIF.

PRÉSENT.

Plais.
Plaisons.
Plaisez.

SUBJONCTIF.

PRÉSENT.

Que je plaise.
Que tu plaises.
Qu'il plaise.
Que nous plaisions.
Que vous plaisiez.
Qu'ils plaisent.

IMPARFAIT.

Que je plusse, etc.

INFINITIF.

PRÉSENT.

Plaire.

PARTICIPES.

PRÉSENT.

Plaisant.

PARFAIT DÉFINI.

Plu, plue.

Taire.

INDICATIF.

PRÉSENT.

Je tais.
Tu tais.
Il tait.
Nous taisons.
Vous taisez.
Ils taisent.

IMPARFAIT.

Je taisais, etc.

PARFAIT DÉFINI.

Je tus, etc.

FUTUR.

Je tairai, etc.

CONDITIONNEL.

PRÉSENT.

Je tairais, etc.

IMPÉRATIF.

PRÉSENT.

Tais.
Taisons.
Taisez.

SUBJONCTIF.

PRÉSENT.

Que je taise.
Que tu taises.
Qu'il taise.
Que nous taisions.
Que vous taisiez.
Qu'ils taisent.

IMPARFAIT.

Que je tusse , etc.

INFINITIF.

PRÉSENT.

Taire.

PARTICIPES.

PRÉSENT.

Taisant.

PARFAIT DÉFINI.

Tu , tue.

Traire.

INDICATIF.

PRÉSENT.

Je trais.
Tu trais.
Il trait.
Nous trayons.
Vous trayez.
Ils trayent.

IMPARFAIT.

Je trayais , etc.

[Pas de parfait défini.]

FUTUR.

Je trairai , etc.

CONDITIONNEL.

PRÉSENT.

Je trairais , etc.

IMPÉRATIF.

PRÉSENT.

Trais.
Trayons.
Trayez.

SUBJONCTIF.

PRÉSENT.

Que je traie (1).
Que tu traies.
Qu'il traie.
Que nous trayions.
Que vous trayiez.
Qu'ils traient.

[Pas d'imparfait.]

INFINITIF.

PRÉSENT.

Traire.

PARTICIPES.

PRÉSENT.

Trayant.

PARFAIT DÉFINI.

Trait, traite.

---

(1) Voir ce que nous avons dit au § 144, au sujet des verbes *fuir*, *voir*, *croire*, etc.

Extraire.

INDICATIF.

PRÉSENT.

J'extrais.
Tu extrais.
Il extrait.
Nous extrayons.
Vous extrayez.
Ils extraient.

IMPARFAIT.

J'extrayais, etc.

[Pas de parfait défini.]

FUTUR.

J'extrairai, etc.

CONDITIONNEL.

PRÉSENT.

J'extrairais, etc.

IMPÉRATIF.

PRÉSENT.

Extrais.

Extrayons.
Extrayez.

SUBJONCTIF.

PRÉSENT.

Que j'extraie.
Que tu extraies.
Qu'il extraie.
Que nous extrayions.
Que vous extrayiez.
Qu'ils extraient.

[Pas d'imparfait.]

INFINITIF.

PRÉSENT.

Extraire (1).

PARTICIPES.

PRÉSENT.

Extrayant.

PARFAIT DÉFINI.

Extrait, extraite.

§ 168. *CONNAITRE, PARAITRE, NAITRE, REPAITRE.*

Connaître.

INDICATIF.

PRÉSENT.

Je connais.
Tu connais.
Il connaît.
Nous connaissons.
Vous connaissez.
Ils connaissent.

IMPARFAIT.

Je connaissais, etc.

PARFAIT DÉFINI.

Je connus, etc.

FUTUR.

Je connaîtrai, etc.

---

(1) *Soustraire* et *distraire* se conjuguent comme *extraire.*

CONDITIONNEL.

PRÉSENT.

Je connaîtrais, etc.

IMPÉRATIF.

PRÉSENT.

Connais.
Connaissons.
Connaissez.

SUBJONCTIF.

PRÉSENT.

Que je connaisse.
Que tu connaisses.
Qu'il connaisse.

Que nous connaissions.
Que vous connaissiez.
Qu'ils connaissent.

IMPARFAIT.

Que je connusse, etc.

INFINITIF.

PRÉSENT.

Connaître.

PARTICIPES.

PRÉSENT.

Connaissant.

PARFAIT DÉFINI.

Connu, connue.

Paraître.

INDICATIF.

PRÉSENT.

Je parais.
Tu parais.
Il paraît.
Nous paraissons.
Vous paraissez.
Ils paraissent.

IMPARFAIT.

Je paraissais, etc.

PARFAIT DÉFINI.

Je parus.

FUTUR.

Je paraîtrai, etc.

CONDITIONNEL.

PRÉSENT.

Je paraîtrais, etc.

IMPÉRATIF.

PRÉSENT.

Parais.

Paraissons.
Paraissez.

SUBJONCTIF.

PRÉSENT.

Que je paraisse.
Que tu paraisses.
Qu'il paraisse.
Que nous paraissions.
Que vous paraissiez.
Qu'ils paraissent.

IMPARFAIT.

Que je parusse, etc.

INFINITIF.

PRÉSENT.

Paraître.

PARTICIPES.

PRÉSENT.

Paraissant.

PARFAIT DÉFINI.

Paru, parue.

Naître.

INDICATIF.

PRÉSENT.

Je nais.
Tu nais.
Il naît.
Nous naissons.
Vous naissez.
Ils naissent.

IMPARFAIT.

Je naissais, etc.

PARFAIT DÉFINI.

Je naquis, etc. (1).

FUTUR.

Je naîtrai, etc.

CONDITIONNEL.

PRÉSENT.

Je naîtrais, etc.

IMPÉRATIF.

PRÉSENT.

Nais.
Naissons.
Naissez.

SUBJONCTIF.

PRÉSENT.

Que je naisse.
Que tu naisses.
Qu'il naisse.
Que nous naissions.
Que vous naissiez.
Qu'ils naissent.

IMPARFAIT.

Que je naquisse, etc.

INFINITIF.

PRÉSENT.

Naître.

PARTICIPES.

PRÉSENT.

Naissant.

PARFAIT DÉFINI.

Né, née.

Repaître.

INDICATIF.

PRÉSENT.

Je repais.
Tu repais.
Il repaît.
Nous repaissons.
Vous repaissez.
Ils repaissent.

IMPARFAIT.

Je repaissais, etc.

PARFAIT DÉFINI.

Je repus, etc.

FUTUR.

Je repaîtrai, etc.

---

(1) *Renaître*, composé de ce verbe, n'a ni parfait défini de l'indicatif ni parfait défini du participe.

CONDITIONNEL.

PRÉSENT.

Je repaîtrais, etc.

IMPÉRATIF.

PRÉSENT.

Repais.
Repaissons.
Repaissez.

SUBJONCTIF.

PRÉSENT.

Que je repaisse.
Que tu repaisses.
Qu'il repaisse.

Que nous repaissions.
Que vous repaissiez.
Qu'ils repaissent.

IMPARFAIT.

Que je repusse, etc.

INFINITIF.

PRÉSENT.

Repaître (1).

PARTICIPES.

PRÉSENT.

Repaissant.

PARFAIT DÉFINI.

Repu, repue.

§ 169. *CONDUIRE, CUIRE, LUIRE, NUIRE.*

Conduire.

INDICATIF.

PRÉSENT.

Je conduis.
Tu conduis.
Il conduit.
Nous conduisons.
Vous conduisez.
Ils conduisent.

IMPARFAIT.

Je conduisais, etc.

PARFAIT DÉFINI.

Je conduisis, etc.

FUTUR.

Je conduirai, etc.

CONDITIONNEL.

PRÉSENT.

Je conduirais, etc.

IMPÉRATIF.

PRÉSENT.

Conduis.
Conduisons.
Conduisez.

SUBJONCTIF.

PRÉSENT.

Que je conduise.
Que tu conduises.
Qu'il conduise.
Que nous conduisions.
Que vous conduisiez.
Qu'ils conduisent.

____

(1) Le primitif de ce verbe est défectif.

IMPARFAIT.

Que je conduisisse, etc.

INFINITIF.

PRÉSENT.

Conduire (1).

PARTICIPES.

PRÉSENT.

Conduisant.

PARFAIT DÉFINI.

Conduit, conduite.

Cuire.

INDICATIF.

PRÉSENT.

Je cuis.
Tu cuis.
Il cuit.
Nous cuisons.
Vous cuisez.
Ils cuisent.

IMPARFAIT.

Je cuisais, etc.

PARFAIT DÉFINI.

Je cuisis, etc.

FUTUR.

Je cuirai, etc.

CONDITIONNEL.

PRÉSENT.

Je cuirais, etc.

IMPÉRATIF.

PRÉSENT.

Cuis.

Cuisons.
Cuisez.

SUBJONCTIF.

PRÉSENT.

Que je cuise.
Que tu cuises.
Qu'il cuise.
Que nous cuisions.
Que vous cuisiez.
Qu'ils cuisent.

IMPARFAIT.

Que je cuisisse, etc.

INFINITIF.

PRÉSENT.

Cuire.

PARTICIPES.

PRÉSENT.

Cuisant.

PARFAIT DÉFINI.

Cuit, cuite.

Luire.

INDICATIF.

PRÉSENT.

Je luis.
Tu luis.
Il luit.
Nous luisons.

Vous luisez.
Ils luisent.

IMPARFAIT.

Je luisais, etc.

PARFAIT DÉFINI.

Je luisis, etc. (2).

---

(1) *Duire*, primitif de ce verbe, n'est plus usité. Tous les composés se conjuguent comme *conduire*.

(2) Le Dictionnaire de l'Académie n'admet ni parfait défini de l'indicatif, ni

FUTUR.

Je luirai, etc.

CONDITIONNEL.

PRÉSENT.

Je luirais, etc.

IMPÉRATIF.

PRÉSENT.

Luis.
Luisons.
Luisez.

SUBJONCTIF.

PRÉSENT.

Que je luise.
Que tu luises.

Qu'il luise.
Que nous luisions.
Que vous luisiez.
Qu'ils luisent.

IMPARFAIT.

Que je luisisse, etc.

INFINITIF.

PRÉSENT.

Luire.

PARTICIPES.

PRÉSENT.

Luisant.

PARFAIT DÉFINI.

Lui (*invariable*).

Nuire.

INDICATIF.

PRÉSENT.

Je nuis.
Tu nuis.
Il nuit.
Nous nuisons.
Vous nuisez.
Ils nuisent.

IMPARFAIT.

Je nuisais, etc.

PARFAIT DÉFINI.

Je nuisis, etc.

FUTUR.

Je nuirai, etc.

CONDITIONNEL.

PRÉSENT.

Je nuirais, etc.

IMPÉRATIF.

PRÉSENT.

Nuis.

Nuisons.
Nuisez.

SUBJONCTIF.

PRÉSENT.

Que je nuise.
Que tu nuises.
Qu'il nuise.
Que nous nuisions.
Que vous nuisiez.
Qu'ils nuisent.

IMPARFAIT.

Que je nuisisse, etc.

INFINITIF.

PRÉSENT.

Nuire.

PARTICIPES.

PRÉSENT.

Nuisant.

PARFAIT DÉFINI.

Nui (*invariable.*)

---

impératif, ni imparfait du subjonctif, quoique ces formes se rencontrent dans quelques bons auteurs.

§ 170. *CIRCONCIRE, CONFIRE, ÉCRIRE, LIRE.*

Circoncire.

INDICATIF.

PRÉSENT.

Je circoncis.
Tu circoncis.
Il circoncit.
Nous circoncisons.
Vous circoncisez.
Ils circoncisent.

IMPARFAIT.

Je circoncisais, etc.

PARFAIT DÉFINI.

Je circoncis, etc.

FUTUR.

Je circoncirai, etc.

CONDITIONNEL.

PRÉSENT.

Je circoncirais, etc.

IMPÉRATIF.

PRÉSENT.

Circoncis.

Circoncisons.
Circoncisez.

SUBJONCTIF.

PRÉSENT.

Que je circoncisse.
Que tu circoncisses.
Qu'il circoncisse.
Que nous circoncissions.
Que vous circoncissiez.
Qu'ils circoncissent.

IMPARFAIT.

Que je circoncisse, etc.

INFINITIF.

PRÉSENT.

Circoncire (1).

PARTICIPES.

PRÉSENT.

Circoncisant.

PARFAIT DÉFINI.

Circoncis, circoncise.

Confire.

INDICATIF.

PRÉSENT.

Je confis.
Tu confis.
Il confit.
Nous confisons.
Vous confisez.
Ils confisent.

IMPARFAIT.

Je confisais, etc.

PARFAIT DÉFINI.

Je confis, etc.

FUTUR

Je confirai, etc.

---

(1) Le verbe *occire*, qui a vieilli, se conjugue sur *circoncire*.

CONDITIONNEL.

PRÉSENT.

Je confirais, etc.

IMPÉRATIF.

PRÉSENT.

Confis.
Confisons.
Confisez.

SUBJONCTIF.

PRÉSENT.

Que je confise.
Que tu confises.
Qu'il confise.

Que nous confisions.
Que vous confisiez.
Qu'ils confisent.

IMPARFAIT.

Que je confisse, etc.

INFINITIF.

PRÉSENT.

Confire.

PARTICIPES.

PRÉSENT.

Confisant.

PARFAIT DÉFINI.

Confit, confite.

Écrire.

INDICATIF.

PRÉSENT.

J'écris.
Tu écris.
Il écrit.
Nous écrivons.
Vous écrivez.
Ils écrivent.

IMPARFAIT.

J'écrivais, etc.

PARFAIT DÉFINI.

J'écrivis, etc.

FUTUR.

J'écrirai, etc.

CONDITIONNEL.

PRÉSENT.

J'écrirais, etc.

IMPÉRATIF.

PRÉSENT.

Écris.

Écrivons.
Écrivez.

SUBJONCTIF.

PRÉSENT.

Que j'écrive.
Que tu écrives.
Qu'il écrive.
Que nous écrivions.
Que vous écriviez.
Qu'ils écrivent.

IMPARFAIT.

Que j'écrivisse, etc.

INFINITIF.

PRÉSENT.

Écrire.

PARTICIPES.

PRÉSENT.

Écrivant.

PARFAIT DÉFINI.

Écrit, écrite.

Lire.

INDICATIF.

PRÉSENT.

Je lis.
Tu lis.
Il lit.
Nous lisons.
Vous lisez.
Ils lisent.

IMPARFAIT.

Je lisais, etc.

PARFAIT DÉFINI.

Je lus, etc.

FUTUR.

Je lirai, etc.

CONDITIONNEL.

PRÉSENT.

Je lirais, etc.

IMPÉRATIF.

PRÉSENT.

Lis.
Lisons.
Lisez.

SUBJONCTIF.

PRÉSENT.

Que je lise.
Que tu lises.
Qu'il lise.
Que nous lisions.
Que vous lisiez.
Qu'ils lisent.

IMPARFAIT.

Que je lusse, etc.

INFINITIF.

PRÉSENT.

Lire.

PARTICIPES.

PRÉSENT.

Lisant.

PARFAIT DÉFINI.

Lu, lue.

§ 171. *MAUDIRE, RIRE, SUFFIRE, EXCLURE.*

Maudire.

INDICATIF.

PRÉSENT.

Je maudis.
Tu maudis.
Il maudit.
Nous maudissons.
Vous maudissez.
Ils maudissent.

IMPARFAIT.

maudissais, etc.

PARFAIT DÉFINI.

Je maudis, etc.

FUTUR.

Je maudirai, etc.

CONDITIONNEL.

PRÉSENT.

Je maudirais, etc.

IMPÉRATIF.

PRÉSENT.

Maudis.
Maudissons.
Maudissez.

SUBJONCTIF.

PRÉSENT.

Que je maudisse.
Que tu maudisses.
Qu'il maudisse.
Que nous maudissions.
Que vous maudissiez.
Qu'ils maudissent.

IMPARFAIT.

Que je maudisse, etc.

INFINITIF.

PRÉSENT.

Maudire.

PARTICIPES.

PRÉSENT.

Maudissant.

PARFAIT DÉFINI.

Maudit, maudite.

Rire.

INDICATIF.

PRÉSENT.

Je ris.
Tu ris.
Il rit.
Nous rions.
Vous riez.
Ils rient.

IMPARFAIT.

Je riais, etc.

PARFAIT DÉFINI.

Je ris, etc.

FUTUR.

Je rirai, etc.

CONDITIONNEL.

PRÉSENT.

Je rirais, etc.

IMPÉRATIF.

PRÉSENT.

Ris *ou* Ri.

Rions.
Riez.

SUBJONCTIF.

PRÉSENT.

Que je rie.
Que tu ries.
Qu'il rie.
Que nous riions (1).
Que vous riiez.
Qu'ils rient.

IMPARFAIT.

Que je risse, etc.

INFINITIF.

PRÉSENT.

Rire.

PARTICIPES.

PRÉSENT.

Riant.

PARFAIT DÉFINI.

Ri (*invariable*).

(1) Voir § 142 ce que nous avons dit de ce verbe.

Suffire.

INDICATIF.

PRÉSENT.

Je suffis.
Tu suffis.
Il suffit.
Nous suffisons.
Vous suffisez.
Ils suffisent.

IMPARFAIT.

Je suffisais, etc.

PARFAIT DÉFINI.

Je suffis, etc.

FUTUR.

Je suffirai, etc.

CONDITIONNEL.

PRÉSENT.

Je suffirais, etc.

IMPÉRATIF.

PRÉSENT.

Suffis.
Suffisons.
Suffisez.

SUBJONCTIF.

PRÉSENT.

Je je suffise.
Que tu suffises.
Qu'il suffise.
Que nous suffisions.
Que vous suffisiez.
Qu'ils suffisent.

IMPARFAIT.

Que je suffisse, etc.

INFINITIF.

PRÉSENT.

Suffire.

PARTICIPES.

PRÉSENT.

Suffisant.

PARFAIT DÉFINI.

Suffi, suffie.

Exclure.

INDICATIF.

PRÉSENT.

J'exclus.
Tu exclus.
Il exclut.
Nous excluons.
Vous excluez.
Ils excluent.

IMPARFAIT.

J'excluais.

PARFAIT DÉFINI.

J'exclus.

FUTUR.

J'exclurai, etc.

CONDITIONNEL.

PRÉSENT.

J'exclurais, etc.

IMPÉRATIF.

PRÉSENT.

Exclus.
Excluons.
Excluez.

SUBJONCTIF.

PRÉSENT.

Que j'exclue.
Que tu exclues.
Qu'il exclue.
Que nous excluions.
Que vous excluiez.
Qu'ils excluent.

IMPARFAIT.

Que j'exclusse, etc.

INFINITIF.

PRÉSENT.

Exclure (1).

PARTICIPES.

PRÉSENT.

xcluant.

PARFAIT DÉFINI.

Exclu, exclue.

§ 172. *BATTRE, METTRE, CROITRE, CROIRE.*

Battre.

INDICATIF.

PRÉSENT.

Je bats.
Tu bats.
Il bat.
Nous battons.
Vous battez.
Ils battent.

IMPARFAIT.

Je battais, etc.

PARFAIT DÉFINI.

Je battis, etc.

FUTUR.

Je battrai, etc.

CONDITIONNEL.

PRÉSENT.

Je battrais, etc.

IMPÉRATIF.

PRÉSENT.

Bats.
Battons.
Battez.

SUBJONCTIF.

PRÉSENT.

Que je batte.
Que tu battes.
Qu'il batte.
Que nous battions.
Que vous battiez.
Qu'ils battent.

IMPARFAIT.

Que je battisse, etc.

INFINITIF.

PRÉSENT.

Battre.

PARTICIPES.

PRÉSENT.

Battant.

PARFAIT DÉFINI.

Battu, battue.

---

(1) *Conclure* se conjugue comme *exclure.*

Mettre.

INDICATIF.

PRÉSENT.

Je mets.
Tu mets.
Il met.
Nous mettons.
Vous mettez,
Ils mettent.

IMPARFAIT.

Je mettais, etc.

PARFAIT DÉFINI.

Je mis, etc.

FUTUR.

Je mettrai, etc.

CONDITIONNEL.

PRÉSENT.

Je mettrais, etc.

IMPÉRATIF.

PRÉSENT.

Mets.
Mettons.
Mettez.

SUBJONCTIF.

PRÉSENT.

Que je mette.
Que tu mettes.
Qu'il mette.
Que nous mettions.
Que vous mettiez.
Qu'ils mettent.

IMPARFAIT.

Que je misse, etc.

INFINITIF.

PRÉSENT.

Mettre.

PARTICIPE,

PRÉSENT.

Mettant.

PARFAIT DÉFINI.

Mis, mise.

Croître.

INDICATIF.

PRÉSENT.

Je crois.
Tu crois.
Il croît.
Nous croissons.
Vous croissez.
Ils croissent.

IMPARFAIT.

Je croissais, etc.

PARFAIT DÉFINI.

Je crus, etc.

FUTUR.

Je croîtrai, etc.

CONDITIONNEL.

PRÉSENT.

Je croîtrais, etc.

IMPÉRATIF.

PRÉSENT.

Crois.
Croissons.
Croissez.

SUBJONCTIF.

PRÉSENT.

Que je croisse.
Que tu croisses.
Qu'il croisse.
Que nous croissions.
Que vous croissiez.
Qu'ils croissent.

IMPARFAIT.

Que je crûsse, etc.

INFINITIF.

PRÉSENT.

Croître.

PARTICIPES.

PRÉSENT.

Croissant.

PARFAIT DÉFINI.

Crû, crue.

Croire.

INDICATIF.

PRÉSENT.

Je crois.
Tu crois.
Il croit.
Nous croyons.
Vous croyez.
Ils croient.

IMPARFAIT.

Je croyais, etc.

PARFAIT DÉFINI.

Je crus, etc.

FUTUR.

Je croirai, etc.

CONDITIONNEL.

PRÉSENT.

Je croirais, etc.

IMPÉRATIF.

PRÉSENT.

Crois.
Croyons.
Croyez.

SUBJONCTIF.

PRÉSENT.

Que je croie (1).
Que tu croies.
Qu'il croie.
Que nous croyions.
Que vous croyiez.
Qu'ils croient.

IMPARFAIT.

Que je crusse, etc.

INFINITIF.

PRÉSENT.

Croire (2).

PARTICIPES.

PRÉSENT.

Croyant.

PARFAIT DÉFINI.

Cru, crue.

---

(1) Voir § 144 ce que nous avons dit de ce verbe.
(2) Le verbe *croire* et le verbe *boire* qui suit sont les seuls de la quatrième conjugaison que l'on pourrait confondre avec ceux de la troisième, à cause du son final. Il est important de faire cette remarque.

§ 173.   *BOIRE, PRENDRE, DIRE, FAIRE.*

Boire.

INDICATIF.

PRÉSENT.

Je bois.
Tu bois.
Il boit.
Nous buvons.
Vous buvez.
Ils boivent.

IMPARFAIT.

Je buvais, etc.

PARFAIT DÉFINI.

Je bus, etc.

FUTUR.

Je boirai, etc.

CONDITIONNEL.

PRÉSENT.

Je boirais, etc.

IMPÉRATIF.

PRÉSENT.

Bois.
Buvons.
Buvez.

SUBJONCTIF.

PRÉSENT.

Que je boive.
Que tu boives.
Qu'il boive.
Que nous buvions.
Que vous buviez.
Qu'ils boivent.

IMPARFAIT.

Que je busse, etc.

INFINITIF.

PRÉSENT.

Boire.

PARTICIPES.

PRÉSENT.

Buvant.

PARFAIT DÉFINI.

Bu, bue.

Prendre.

INDICATIF.

PRÉSENT.

Je prends (1).
Tu prends.
Il prend.
Nous prenons.
Vous prenez.
Ils prennent.

IMPARFAIT.

Je prenais, etc.

PARFAIT DÉFINI.

Je pris, etc.

FUTUR.

Je prendrai, etc.

---

(1) Dans le verbe *prendre* et dans ses composés, on double la lettre *n* devant un *e* muet. Nous avons vu le même redoublement dans les verbes en *enir*.

CONDITIONNEL.

PRÉSENT.

Je prendrais, etc.

IMPÉRATIF.

PRÉSENT.

Prends.
Prenons.
Prenez.

SUBJONCTIF.

PRÉSENT.

Que je prenne.
Que tu prennes.
Qu'il prenne.

Que nous prenions.
Que vous preniez.
Qu'ils prennent.

IMPARFAIT.

Que je prisse, etc.

INFINITIF.

PRÉSENT.

Prendre.

PARTICIPES.

PRÉSENT.

Prenant.

PARFAIT DÉFINI.

Pris, prise.

Dire.

INDICATIF.

PRÉSENT.

Je dis.
Tu dis.
Il dit.
Nous disons.
Vous dites (2).
Ils disent.

IMPARFAIT.

Je disais, etc.

PARFAIT DÉFINI.

Je dis, etc.

FUTUR.

Je dirai, etc.

CONDITIONNEL.

PRÉSENT.

Je dirais, etc.

IMPÉRATIF.

PRÉSENT.

Dis.

Disons.
Dites.

SUBJONCTIF.

PRÉSENT.

Que je dise.
Que tu dises.
Qu'il dise.
Que nous disions.
Que vous disiez.
Qu'ils disent.

IMPARFAIT.

Que je disse, etc.

INFINITIF.

PRÉSENT.

Dire.

PARTICIPES.

PRÉSENT.

Disant.

PARFAIT DÉFINI.

Dit, dite.

(1) *Contredire, dédire, interdire, médire, prédire, font vous contredises, dédisez, interdisez, médisez, prédisez.*

Faire.

INDICATIF.

PRÉSENT.

Je fais.
Tu fais.
Il fait.
Nous faisons.
Vous faites.
Ils font.

IMPARFAIT.

Je faisais, etc.

PARFAIT DÉFINI.

Je fis, etc.

FUTUR.

Je ferai, etc.

CONDITIONNEL.

PRÉSENT.

Je ferais, etc.

IMPÉRATIF.

PRÉSENT.

Fais.

Faisons.
Faites.

SUBJONCTIF.

PRÉSENT.

Que je fasse.
Que tu fasses.
Qu'il fasse.
Que nous fassions.
Que vous fassiez.
Qu'ils fassent.

IMPARFAIT.

Que je fisse, etc.

INFINITIF.

PRÉSENT.

Faire (1).

PARTICIPES.

PRÉSENT.

Faisant.

PARFAIT DÉFINI.

Fait, faite.

§ 174. *SUIVRE, VIVRE, VAINCRE, CONVAINCRE.*

Suivre.

INDICATIF.

PRÉSENT.

Je suis.
Tu suis.
Il suit.
Nous suivons.
Vous suivez.
Ils suivent.

IMPARFAIT.

Je suivais, etc.

PARFAIT DÉFINI.

Je suivis, etc.

FUTUR.

Je suivrai, etc.

---

(1) *Contrefaire, refaire, satisfaire* et *surfaire* se conjuguent comme *faire.*

CONDITIONNEL.

PRÉSENT.

Je suivrais, etc.

IMPÉRATIF.

PRÉSENT.

Suis.
Suivons.
Suivez.

SUBJONCTIF.

PRÉSENT.

Que je suive.
Que tu suives.
Qu'il suive.

Que nous suivions.
Que vous suiviez.
Qu'ils suivent.

IMPARFAIT.

Que je suivisse, etc.

INFINITIF.

PRÉSENT.

Suivre (1).

PARTICIPES.

PRÉSENT.

Suivant.

PARFAIT DÉFINI.

Suivi, suivie.

Vivre.

INDICATIF.

PRÉSENT.

Je vis.
Tu vis.
Il vit.
Nous vivons.
Vous vivez.
Ils vivent.

IMPARFAIT.

Je vivais, etc.

PARFAIT DÉFINI.

Je vécus, etc.

FUTUR.

Je vivrai, etc.

CONDITIONNEL.

PRÉSENT.

Je vivrais, etc.

IMPÉRATIF.

PRÉSENT.

Vis.

Vivons.
Vivez.

SUBJONCTIF.

PRÉSENT.

Que je vive.
Que tu vives.
Qu'il vive.
Que nous vivions.
Que vous viviez.
Qu'ils vivent.

IMPARFAIT.

Que je vécusse, etc.

INFINITIF.

PRÉSENT.

Vivre.

PARTICIPES.

PRÉSENT.

Vivant.

PARFAIT DÉFINI.

Vécu (invariable).

(1) *S'ensuivre* se conjugue comme *suivre*.

Vaincre.

INDICATIF.

PRÉSENT.

Je vaincs.
Tu vaincs.
Il vainc.
Nous vainquons.
Vous vainquez.
Ils vainquent.

IMPARFAIT.
Je vainquais, etc.

PARFAIT DÉFINI.
Je vainquis, etc.

FUTUR.
Je vaincrai, etc.

CONDITIONNEL.

PRÉSENT.
Je vaincrais, etc.

IMPÉRATIF.

PRÉSENT.
Vaincs.
Vainquons.
Vainquez.

SUBJONCTIF.

PRÉSENT.
Que je vainque.
Que tu vainques.
Qu'il vainque.
Que nous vainquions.
Que vous vainquiez.
Qu'ils vainquent.

IMPARFAIT.
Que je vainquisse, etc.

INFINITIF.

PRÉSENT.
Vaincre.

PARTICIPES.

PRÉSENT.
Vainquant.

PARFAIT DÉFINI.
Vaincu, vaincue.

Convaincre.

INDICATIF.

PRÉSENT.
Je convaincs.
Tu convaincs.
Il couvainc.
Nous convainquons.
Vous convainquez.
Ils convainquent.

IMPARFAIT.
Je convainquais, etc.

PARFAIT DÉFINI.
Je convainquis, etc.

FUTUR.
Je convaincrai, etc.

CONDITIONNEL.

PRÉSENT.
Je convaincrais, etc.

IMPÉRATIF.

PRÉSENT.
Convaincs.
Convainquons.
Convainquez.

SUBJONCTIF.	INFINITIF.
PRÉSENT.	**PRÉSENT.**
Que je convainque.	Convaincre.
Que tu convainques.	
Qu'il convainque.	**PARTICIPES.**
Que nous convainquions.	
Que vous convainquiez.	**PRÉSENT.**
Qu'ils convainquent.	Convainquant.
IMPARFAIT.	**PARFAIT DÉFINI.**
Que je convainquisse, etc.	Convaincu, convaincue.

CHAPITRE IX.

DES VERBES DÉFECTIFS.

I. — PREMIÈRE CONJUGAISON.

§ 175.　　**IMPORTER** (*verbe neutre et régulier*).

Ce verbe n'est usité qu'au présent de l'infinitif et à la troisième personne singulière ou plurielle des autres temps : *Cette affaire m'*IMPORTE ; *ces affaires m'*IMPOR-TENT.

§ 176.　　**RÉSULTER** (*verbe neutre et régulier*).

Ce verbe n'est usité qu'au présent de l'infinitif, et à la troisième personne singulière des autres temps : *Ce mal* RÉSULTE *de là*.

II. — DEUXIÈME CONJUGAISON.

§ 177.　　**AVENIR** (*verbe neutre, sur* VENIR).

Ce verbe n'est usité qu'au présent de l'infinitif, et à la troisième personne singulière des autres temps : *Ce mal avint* (vieux style).

§ 178.   CONQUÉRIR (*verbe actif et irrégulier*).

Ce verbe n'est usité qu'aux temps suivants :
Parfait défini de l'indicatif : *Je conquis.*
Présent du subjonctif : *Que je conquisse.*
Présent de l'infinitif : *Conquérir.*
Parfait défini du participe : *Conquis, conquise.*
Ajoutez-y les temps composés : *J'ai conquis, j'avais conquis,* etc.

RECONQUÉRIR, son composé, est aussi actif et irrégulier. Il s'emploie peu hors de l'infinitif, du passé du participe et des temps composés.

QUÉRIR, primitif de ces verbes, n'est usité qu'au présent de l'infinitif, et avec les verbes *aller, venir, envoyer.* C'est un verbe actif.

§ 179.   FAILLIR (*verbe neutre et irrégulier*).

Ce verbe n'est usité qu'aux temps suivants :
Parfait défini de l'indicatif : *Je faillis, nous faillîmes.*
Présent de l'infinitif : *Faillir.*
Présent du participe : *Faillant.*
Parfait défini du participe : *Failli, faillie.*
Ajoutez-y les temps composés : *J'ai failli, j'avais failli,* etc.

DÉFAILLIR, son composé, est neutre et irrégulier. Il n'est usité qu'aux trois personnes plurielles du présent de l'indicatif : *Nous défaillons, vous défaillez, ils défaillent.*
Au passé défini de l'indicatif : *Je défaillis;* au présent de l'infinitif : *Défaillir;* et aux temps composés : *J'ai défailli, j'avais défailli,* etc.

§ 180.   FÉRIR (*verbe actif et irrégulier*).

Ce verbe qui signifie *frapper*, n'est usité qu'au présent de l'infinitif, dans cette phrase : *Sans coup FÉRIR.*

§ 181.   **GÉSIR** (*verbe neutre et irrégulier*).

Ce verbe, qui signifie *être couché*, n'est plus en usage qu'aux temps et aux personnes ci-après :

Présent de l'indicatif : *Il gît, nous gisons, ils gisent.*
Imparfait de l'indicatif : *Il gisait.*
Présent du participe : *Gisant.*

§ 182.   **ISSIR** (*verbe neutre et irrégulier*).

Ce verbe, qui signifie *descendre, venir*, n'est plus en usage qu'au parfait défini du participe : *Issu, issue.*

§ 183.   **OUÏR** (*verbe actif et irrégulier*).

Ce verbe, qui signifie *entendre*, n'est guère usité qu'aux temps suivants :

Parfait défini de l'indicatif : *J'ouïs, tu ouïs*, etc.
Présent du subjonctif : *Que j'ouisse, que tu ouisses*, etc.
Parfait défini du participe : *Ouï, ouïe.*
Ajoutez-y les temps composés : *J'ai ouï, j'avais ouï*, etc.

§ 184.   **SAILLIR** (*verbe neutre et irrégulier*).

Ce verbe, qui signifie, en termes d'architecture, *s'avancer en dehors*, n'est d'usage qu'aux troisièmes personnes ; il a le parfait défini de l'indicatif, le présent de l'infinitif, celui du participe, et leurs dérivés : *Il saille, ils saillent; il saillait, ils saillaient; il saillit, ils saillirent; il saillera, ils sailleront; saillant; sailli* (invariable); et les temps composés : *Il a sailli, ils ont sailli*, etc.

§ 185.   **SORTIR** (*verbe actif et régulier*).

Ce verbe, qui signifie, en termes de palais, *obtenir, avoir*, n'est usité qu'aux troisièmes personnes; il a le parfait défini de l'indicatif, le présent de l'infinitif, celui du participe, et leurs dérivés : *Il sortit, ils sortissent; il sortissait, ils sortissaient; il sortit, ils sortirent; il sortira, ils sortiront; sorti, sortie;* et les temps composés: *Il a sorti, il avait sorti*, etc.

§ 186.   SURGIR (*verbe neutre et régulier*).

Ce verbe n'est guère usité qu'au présent de l'infinitif. On commence à le rajeunir.

III. — TROISIÈME CONJUGAISON.

§ 187.   APPAROIR (*verbe neutre et irrégulier*).

Ce verbe n'est d'usage qu'à la troisième personne singulière du présent de l'indicatif, où il ne s'emploie qu'unipersonnellement, et au présent de l'infinitif, avec le verbe *faire*. *Il* APPERT; *faire* APPAROIR.

C'est un terme de palais qui s'emploie dans le sens d'*apparaître, paraître*. La troisième personne *il appert*, signifie *il paraît, il est évident*.

§ 188.   CHOIR (*verbe neutre et irrégulier*).

Ce verbe, qui signifie *tomber*, n'est pas beaucoup en usage. On l'emploie quelquefois au présent de l'infinitif. On se sert aussi du parfait défini du participe, *chu, chue*, mais plutôt en vers qu'en prose, et plus dans le style familier que dans le style soutenu.

§ 189.   COMPAROIR (*verbe neutre et irrégulier*).

Ce verbe n'est usité qu'au présent de l'infinitif. Il a le même sens que *comparaître*, mais il ne se dit qu'au palais, dans ces phrases : *Assignation à* COMPAROIR; *être assigné à* COMPAROIR.

§ 190. CONDOULOIR [se] (*verbe réfléchi et irrégulier*).

Ce verbe, qui signifie *prendre part à la douleur de quelqu'un*, n'est usité qu'au présent de l'infinitif (vieux style).

§ 191.   DÉCHOIR (*verbe neutre et irrégulier*)

Ce verbe n'est employé qu'aux temps suivants :

Présent de l'indicatif : *Je déchois, tu déchois, il déchoit; nous déchoyons*, etc.

Parfait défini de l'indicatif : *Je déchus*, etc.
Futur de l'indicatif : *Je décherrai*, etc.
Présent du conditionnel : *Je décherrais*, etc.
Présent du subjonctif : *Que je déchoie*, etc.
Imparfait du subjonctif : *Que je déchusse*, etc.

Ajoutez-y les temps composés : *Je suis déchu, j'étais déchu*, etc.

§ 192. ÉCHOIR (*verbe neutre et irrégulier*).

Ce verbe, qui ne se dit que des choses, n'est d'usage qu'aux troisièmes personnes et aux temps ci-après :

Présent de l'indicatif : *Il échoit*, ou *il échet ; ils échoient*, ou *ils échéent*.
Parfait défini de l'indicatif : *Il échut, ils échurent.*
Futur de l'indicatif : *Il écherra, ils écherront.*
Présent du conditionnel : *Il écherrait, ils écherraient.*
Présent du subjonctif : *Qu'il échût, qu'ils échussent.*
Présent de l'infinitif : *Echoir.*
Présent du participe : *Echéant.*
Parfait défini du participe : *Echu, échue.*

Ajoutez-y les temps composés qui prennent les deux auxiliaires.

§ 193. ÉMOUVOIR (*verbe actif et irrégulier*).

Ce verbe ne se dit guère qu'au présent de l'indicatif et du subjonctif. *J'émeus, que j'émeuve ;* au même temps de l'infinitif : *Emouvoir ;* et aux temps composés : *J'ai ému, j'avais ému*, etc.

S'ÉMOUVOIR, son dérivé, ne s'emploie qu'aux mêmes temps.

PROMOUVOIR, autre composé de *mouvoir*, n'est usité qu'au présent de l'infinitif et aux temps composés : *J'ai promu, j'avais promus*, etc. Ce dernier, comme *émouvoir*, est actif et irrégulier.

§ 194. FALLOIR (*verbe unipersonnel et irrégulier*).

Ce verbe est employé aux temps suivants :
Présent de l'indicatif : *Il faut.*

Imparfait de l'indicatif : *Il fallait.*
Parfait défini de l'indicatif : *Il fallut.*
Futur de l'indicatif : *Il faudra.*
Présent du conditionnel : *Il faudrait.*
Présent du subjonctif : *Qu'il faille.*
Imparfait du subjonctif : *Qu'il fallût.*
Présent de l'infinitif : *Falloir.*
Parfait défini du participe : *Fallu* (invariable).

Ajoutez-y les temps composés : *Il a fallu, il avait fallu,* etc.

§ 195. PLEUVOIR (*verbe unipersonnel et irrégulier*).

Ce verbe est usité aux temps suivants :
Présent de l'indicatif : *Il pleut.*
Imparfait de l'indicatif : *Il pleuvait.*
Parfait défini de l'indicatif : *Il plut.*
Futur de l'indicatif : *Il pleuvra.*
Présent du conditionnel : *Il pleuvrait.*
Présent du subjonctif : *Qu'il pleuve.*
Imparfait du subjonctif : *Qu'il plût.*
Présent de l'infinitif : *Pleuvoir.*
Présent du participe : *Pleuvant.*
Parfait défini du participe : *Plu* (invariable).

Ajoutez-y les temps composés : *Il a plu, il aurait plu,* etc.

§ 196. RAVOIR (*verbe actif et irrégulier*).

Ce verbe ne s'emploie qu'au présent de l'infinitif : RAVOIR *ce qu'on a perdu.*

§ 197. SEOIR (*verbe neutre et irrégulier*).

1°. Dans le sens d'*être résidant, siégeant,* ce verbe n'est plus en usage qu'au présent du participe : *La cour royale* SÉANT *à Paris.*

2°. Dans le sens d'*être situé,* il n'est également plus en usage qu'en style de pratique, au parfait défini du participe : *Un bien* SIS *à Pontoise ; une terre* SISE *à Montmartre.*

3°. Dans le sens d'*être convenable*, il n'est plus usité qu'aux troisièmes personnes, et aux temps ci-après :

Présent de l'indicatif : *Il sied, ils siéent.*
Imparfait de l'indicatif : *Il séyait, ils séyaient.*
Futur de l'indicatif : *Il siéra, ils siéront.*
Présent du conditionnel : *Il siérait, ils siéraient.*
Présent du subjonctif : *Qu'il siée, qu'ils siéent.*
Présent du participe : *Séyant.*

Seoir, dans ce sens, s'emploie aussi unipersonnellement : *Il* SIED *bien; il ne* SIED *pas.*

§ 198.   MESSEOIR (*verbe neutre et irrégulier*).

Ce verbe, composé du verbe *seoir*, et qui signifie *n'être pas convenable*, s'emploie aux mêmes temps que *seoir*, dans le sens d'*être convenable.*

§ 199.   SOULOIR (*verbe neutre et régulier*).

Ce verbe, qui signifie *avoir coutume*, n'est plus usité que dans le style marotique. Il ne s'est guère dit qu'à l'imparfait de l'indicatif : *Il ou elle soulait.*

§ 200.   SURSEOIR (*verbe actif et irrégulier*).

Ce verbe n'est usité qu'aux temps suivants :

Présent de l'indicatif : *Je sursois, nous sursoyons,* etc.
Imparfait de l'indicatif : *Je sursoyais,* etc.
Parfait défini de l'indicatif : *Je sursis,* etc.
Futur de l'indicatif : *Je surseoirai,* etc.
Présent du conditionnel : *Je surseoirais,* etc.
Imparfait du subjonctif : *Que je sursisse,* etc.
Présent du participe : *Sursoyant.*
Parfait défini du participe : *Sursis, sursise.*

IV. — QUATRIÈME CONJUGAISON.

§ 201.   BRAIRE (*verbe neutre et irrégulier*).

Ce verbe ne s'emploie ordinairement qu'aux troisièmes

personnes du présent de l'indicatif, du futur de l'indicatif et du présent du conditionnel, et au présent de l'infinitif: *Il brait, ils braient; il braira, ils brairont; il brairait, ils brairaient; braire.*

§ 202.   BRUIRE (*verbe neutre et irrégulier*).

Ce verbe n'est guère usité qu'aux troisièmes personnes de l'imparfait de l'indicatif, et au présent de l'infinitif: *Il bruyait, ils bruyaient; bruire.*

§ 203.   CLORE (*verbe actif et irrégulier*).

Ce verbe n'a que les cinq temps simples qui suivent :
Présent de l'indicatif : *Je clos, tu clos, il clôt* (sans pluriel).
Futur de l'indicatif : *Je clorai,* etc.
Présent du conditionnel : *Je clorais,* etc.
Présent de l'infinitif : *Clore,* qui s'emploie fréquemment avec le verbe *faire.*
Parfait défini du participe : *Clos, close.*

ENCLORE, son composé, s'écrit et se conjugue de même. Ajoutez-y les temps composés : *J'ai enclos, tu avais enclos,* etc.

§ 204.   ÉCLORE (*verbe neutre et irrégulier*).

Ce verbe signifie *naître;* on l'emploie en parlant des oiseaux, des insectes, des fleurs, et, figurément, des choses morales et spirituelles. Il n'est usité qu'aux troisièmes personnes et aux temps ci-après :
Présent de l'indicatif : *Il éclôt, ils éclosent.*
Futur de l'indicatif : *Il éclora, ils écloront.*
Présent du conditionnel : *Ils éclorait, ils écloraient.*
Présent du subjonctif : *Qu'il éclose, qu'ils éclosent.*
Présent de l'infinitif : *Eclore.*
Parfait défini du participe : *Eclos, éclose.*

Ajoutez-y les temps composés : *Il est éclos, il était éclos,* etc.

§ 205.   FORFAIRE (*verbe neutre et irégulier*).

Ce verbe, qui signifie *faire quelque chose contre son devoir,* ne s'emploie qu'au présent de l'infinitif et aux temps composés : FORFAIRE *à l'honneur ; il* ou *elle a* FORFAIT *à sa religion.*

MALFAIRE et MÉFAIRE, qui signifient *faire une mauvaise action,* sont deux autres composés de *faire.* Ils sont, comme *forfaire,* neutres et irréguliers, et s'emploient aux deux mêmes temps que ce verbe. Mais on ne fait usage du dernier qu'en style familier : *Il ne faut ni* MÉFAIRE *ni médire.*

§ 206.   FRIRE (*verbe actif et irrégulier*).

Ce verbe n'est usité qu'au singulier du présent de l'indicatif : *Je fris, tu fris, il frit ;* à la seconde personne singulière du présent de l'impératif : *Fris ;* au présent de l'infinitif : *Frire ;* et au parfait défini du participe : *Frit, frite.*

§ 207.   IMBOIRE (*verbe actif et irrégulier*).

Ce verbe, qui signifiait *recevoir par goût des idées, des opinions,* etc., n'est plus en usage qu'au parfait défini du participe : *Imbu, mibue.*

§ 208.   PAÎTRE. (*verbe actif, neutre et irrégulier*).

Ce verbe n'est usité qu'aux temps suivants :

Présent de l'indicatif : *Je pais, nous paissons,* etc.
Imparfait de l'indicatif : *Je paissais,* etc.
Futur de l'indicatif : *Je paîtrai,* etc.
Présent du conditionnel : *Je paîtrais,* etc.
Présent de l'impératif : *Paissez.*
Présent du subjonctif : *Que je paisse,* etc.
Présent de l'infinitif : *Paître.*
Présent du participe : *Paissant.*

§ 209.   POINDRE (*verbe neutre, sur* PLAINDRE).

Ce verbe n'est plus usité qu'au futur de l'indicatif

et au présent de l'infinitif... Il signifie *commencer à paraître*, et ne se dit que du jour et de l'herbe.

§. 210.   SOUDRE (*verbe actif et régulier*).

Ce verbe, auquel on subsitue maintenant *résoudre*, n'est en usage qu'au présent de l'infinitif : SOUDRE *un problème.*

C'est un terme de didactique.

§ 211.   SOURDRE (*verbe neutre et régulier*).

Ce verbe signifie *sortir, s'écouler par quelque fente de la terre.* Il n'est guère usité qu'aux troisièmes personnes du présent de l'indicatif : *Ce fleuve* SOURD *de la montagne; ces fontaines* SOURDENT *du même lieu.*

§ 212.   TISTRE (*verbe actif et irrégulier*).

Il ne nous reste plus de ce verbe que le parfait défini du participe : *Tissu, tissue,* et, conséquemment, les temps composés : *J'ai tissu, j'avais tissu,* etc.

On remplace les autres temps par ceux du verbe *tisser.*

Ce dernier diffère de *tistre,* en ce qu'il ne peut s'employer qu'au propre.

LIVRE QUATRIÈME.

ORTHOGRAPHE.

CHAPITRE I.

DE LA DÉRIVATION.

---

§ 213.   DES CONSONNES FINALES.

Les consonnes finales des mots primitifs sont presque toujours indiquées par la dérivation.

Ainsi les consonnes *c, d, g, l, m, n, p, r, s, t,* à cause des dérivés correspondants, terminent les mots qui suivent :

Accroc, accrocher.	Brun, brune.
Estomac, stomacal.	Drap, draperie.
Bord, border.	Champ, champêtre.
Bond, bondir.	Galop, galoper.
Sang, sanguin.	Berger, bergère.
Rang, ranger.	Amas, amasser.
Fusil, fusiller.	Dispos, disposer.
Persil, persiller.	Début, débuter.
Faim, famine.	Avocat, avocate.
Fin, final.	Exempt, exempter.

Ces exemples suffisent pour montrer l'usage qu'on doit faire de la dérivation. Plusieurs milliers de mots se forment comme ceux que nous venons d'indiquer. Cependant il y a quelques exceptions.

§ 214.   DES VOYELLES MÉDIALES.

Quelques voyelles placées au milieu des mots semblent inutiles ; mais on ne saurait les supprimer sans détruire la ressemblance qui doit exister entre les mots de la même famille.

Ainsi les voyelles *a*, *e*, bien qu'elles ne se prononcent pas dans beaucoup de primitifs, sont indispensables dans leurs dérivés, et réciproquement :

Humain, humanité.	Plein, plénitude.
Sain, santé.	Tonneau, tonnelier.
Vain, vanité.	Tombeau, tomber.
Main, manier.	Sceau, sceller.
Pain, panier.	Peau, peler.
Etaim, étamer.	Veau, vêler.
Faim, famine.	Créneau, créneler.

CHAPITRE II.

DE LA RÉDUPLICATION DES CONSONNES.

---

§ 215.   DES CONSONNES *b*, *d*, *g*.

B se double seulement dans *abbé*, *rabbin*, *sabbat* et leurs dérivés; dans *gibbeux*, *gibbosité*, et dans *gobbe* (composition pour empoisonner les animaux).

D se double dans *addition* et ses dérivés; dans *adducteur*, *adduction* et *reddition*.

G se double dans *suggérer*, *agglomérer*, *aggraver*, *agglutiner* et leurs dérivés. *Agréger* et ses dérivés ne prennent plus qu'un seul *g*.

§ 216.   DES CONSONNES *c*, *f*, *l*.

C se double dans tous les mots qui commencent par *oc*, excepté dans *oca*, *ocre*, *oculaire*, *oculiste*.

F se double dans tous les mots qui commencent par *af*, excepté *afin*, *Afrique*; par *ef*, excepté *éfaufiler*, *éfourceau*; par *dif*, *of*, *suff*, sans exception.

H se double partout où il est précédé de la voyelle *i*, excepté dans *île, îlot* (petite île), *ilote* (esclave) et *ilotisme*.

§ 217. DES CONSONNES *m*, *r*.

M se double dans tous les mots qui commencent par *com* ayant la prononciation de *comme* excepté *coma, comédie, comète, comice, cominge, comique, comite* et *comité;* par *im*, excepté, *image, imiter*, et leurs dérivés, et *iman*.

R se double partout où il est précédé de la voyelle *i*, excepté dans *irascible, iris, ironie, Iroquois*.

§ 218. OBSERVATION.

Les consonnes ne se doublent pas :

1°. Après une voyelle portant un accent, excepté *châsse, châssis* et les dérivés ;

2°. Après un *e* muet : *redemander, mener, jeter, appeler.*

3°. Après un son nasal, excepté *ennoblir, ennui* et leurs dérivés.

CHAPITRE III.

DES MAJUSCULES
ET DES SIGNES ORTHOGRAPHIQUES.

§ 219. DES MAJUSCULES.

On écrit par une majuscule :

1°. Le premier mot d'une phrase, d'un vers, d'un alinéa.

2°. Le nom de *Dieu*, et tous ceux par lesquels on le remplace, tels que le *Créateur*, la *Providence*, etc. ;

3°. Les noms d'hommes et les prénoms : *Racine, Boileau, Napoléon, Pierre, Paul, André.*

4°. Les noms de pays, de peuples, de provinces, de villes, de bourgs, de villages, de fleuves, de montagnes, de lacs, de mers, etc. : la *France, Paris,* la *Seine,* les *Alpes;* un *Espagnol,* un *Polonais;* un *Anglais.*

Mais les noms de peuples ne prennent qu'une minuscule lorsqu'ils sont employés comme adjectifs : *la langue espagnole, la nation polonaise, l'industrie anglaise.*

On écrit aussi sans majuscule l'*espagnol,* l'*allemand,* etc., quand on parle de la langue espagnole ou allemande, parce qu'alors le mot *idiome* ou *langage* est sous-entendu.

5°. Les noms qui représentent des êtres moraux personnifiés et ceux des points cardinaux exprimant certaine étendue, certains états.

> L'allégorie habite un palais diaphane.
>
> Sur les ailes du Temps la Tristesse s'envole.
>
> Que l'Orient contre elle à l'Occident s'allie.

Remarquez qu'on ne donne de majuscule ni aux vents, ni aux mois, ni aux jours : *le sud, l'est; septembre, octobre; jeudi, dimanche.*

§ 220.   DES ACCENTS.

L'accent aigu se met sur tous les *é* fermés, excepté devant les lettres *d, r, z,* placées à la fin d'un mot.

L'accent grave se met : 1° sur tous les *è* ouverts, excepté lorsque cet *è* est suivi d'une lettre redoublée ou d'une *x;* comme dans *appelle, exemple;*

2°. Sur *à, dès, où, là,* afin qu'on puisse distinguer la préposition *à* du verbe *a;* la préposition *dès* de l'article *des,* l'adverbe *où* de la conjonction *ou,* l'adverbe *là* de l'article et du pronom *la;*

3°. Sur *çà, déjà, voilà, deçà, delà, çà et là, par là, holà; là et où,* adverbes de lieu, pour qu'on ne les confonde pas avec *la* article, *ou* conjonction.

L'accent circonflexe se met 1° sur la plupart des voyelles longues ;

2° Sur la lettre *i* des verbes en *aitre*, mais seulement quand cette lettre est suivie d'un *t : naître, il naît.*

3°. Sur les adjectifs en *ème*, excepté ceux qui sont en *ième.*

4°. Sur *mûr*, adjectif et *sûr* signifiant *certain. Sûr,* autre adjectif qui signifie *aigre,* ne prend pas d'accent, non plus que le substantif *mur.*

5°. Sur *dû, redû, mû,* et *crû,* lorsqu'ils sont au parfait défini du participe des verbes *devoir, redevoir, mouvoir* et *croître.*

6°. Sur *le nôtre, le vôtre. Notre, votre,* ne le prennent point.

§ 221.   DE L'APOSTROPHE.

Il y a quelques mots dont l'*e* final se remplace par l'apostrophe ; ces mots sont :

1°. *Lorsque, puisque* et *quoique,* mais seulement avant *il, elle, on, ils, elles, un, une :* LORSQU'*il parle ;* PUISQU'*elle court ;* QUOIQU'*un peu malade.*

2°. *Entre,* avant tout mot avec lequel il ne forme qu'un seul et même sens : *entr'ouvrir, s'entr'aider, entr'acte.* Mais on écrit *entre eux, entre elles,* et non *entr'eux, entr'elles.*

3°. *Presque,* seulement dans *presqu'île.*

4°. *Quelque,* mais seulement devant *un, une :* QUELQU'*un,* QUELQU'*une.*

Ainsi on écrit QUELQUE *autre.*

5°. *Grande,* dans *grand'mère, grand'tante, grand'chambre, grand'salle, grand'chose, grand'chère, grand'croix, grand'peine, grand'peur, grand'route, grand'pitié, grand'messe* (on dit aussi *grande messe*).

Le *de si* se remplace par l'apostrophe, mais seulement devant *il, ils :* s'*il vient,* s'*ils viennent.*

§ 222.   DE LA CÉDILLE.

La cédille se met sous le *c* suivi de *a, o, u,* lorsqu'il doit avoir le son de *s* (*Voir* §§ 21 et 140).

§ 223.   DU TRÉMA.

Le tréma se met sur une des voyelles *e, i, u,* pour avertir qu'on doit prononcer cette voyelle séparément de ce qui précède, comme dans *naïf, na-if; Saül, Sa-ul,* et quelquefois de la voyelle qui suit, comme dans *ïambe, i-ambe; ïambique, i-ambique.*

On écrit avec le tréma les noms, *ciguë, bisaiguë,* et les adjectifs féminins, *aiguë, ambiguë, contiguë, exiguë,* pour empêcher qu'on ne prononce la terminaison comme celle de *fatigue.*

Écrivez avec le tréma *païen, païenne,* ou sans le tréma, *payen, payenne.*

Il faut un tréma sur *poëme,* et sur *poëte,* bien que les dérivés de ces *mots* prennent l'accent aigu sur le même *e : poésie, poétique,* etc.

§ 224.   DU TRAIT D'UNION.

Le trait d'union se met toujours :

1°. Entre les parties d'un nom propre, excepté ceux qui commencent par *le* ou *la : Boulogne-sur-Mer, Michel-Ange, la Ferté, le Tasse.*

2°. Entre le verbe et les pronoms, mais seulement lorsque ces pronoms sont après le verbe, et qu'ils en sont le sujet ou le complément : *que ferais-je? dis-moi, viens-tu? rassure-toi,* etc.

Mais il ne faut pas de trait d'union dans *allons nous promener, venez le prendre,* parce que les pronoms *nous* et *le* sont les compléments des verbes suivants *promener, prendre.*

Si, après le verbe, il y a deux pronoms qui en soient les compléments, il faut deux traits d'union : *donnez-le-moi, rendez-le-nous.* Mais il n'en faut qu'un dans *voulez-vous nous parler? iront-ils nous trahir?* car, dans ces deux propositions *nous* est le complément de *parler* et *vous* celui de *trahir.*

3°. Avant et après le *t* euphonique (1) : *viendra-t-il? étudie-t-elle?*

---

(1) On appelle *euphoniques* des lettres étrangères aux mots où elles entrent

Ne confondez pas avec le *t* euphonique de *viendra-t-il? étudie-t-elle?* le pronom *te* (*t'*) qui se rencontre à l'impératif des verbes pronominaux, comme dans *souviens-t'en, va-t'en*, dont le pluriel est *souvenez-vous-en, allez-vous-en*. *T*, ainsi suivi de *en*, est un pronom et demande conséquemment l'apostrophe.

4°. Avant ou après la particule *ci* et l'adverbe *là*, lorsqu'ils sont inséparables du mot précédent ou suivant : *celui-ci, celui-là, ce pays-ci, cette maison-là, ci-contre, là-dessous*, etc.

5°. Après *très : très-dévoué, très-souvent*.

6°. Entre les adjectifs de nombres composés, comme dans *dix-sept, trente-six, quatre-vingts, dix-huit*, etc.

Cependant *cent, mille* et *million* ne veulent être ni immédiatement précédés ni immédiatement suivis du trait d'union : *vingt-deux millions trois cent cinquante-cinq mille francs, l'an mil huit cent quarante-trois, trois cent soixante-quinze*.

On n'emploie pas le trait d'union entre les parties d'un nombre unies par *et : vingt et un, trente et un*, etc.

On n'écrit plus *long-temps*, mais *longtemps* en un seul mot et sans trait d'union.

§ 225.   DE LA PARENTHÈSE.

La parenthèse () sert à renfermer quelques mots, qui forment un sens distinct et séparé de la phrase où ils sont insérés, ou qu'on y intercale pour y jeter quelque clarté :

Toi donc, qui que tu sois, ô père de famille
(Et je ne t'ai jamais envié cet honneur),
T'attendre aux yeux d'autrui, quand tu dors, c'est erreur.

Caton se la donna (la mort) ; Socrate l'attendit.

---

ou entre lesquels elles se placent, pour en rendre la prononciation plus agréable. Ces lettres sont *e, s, t, l*.

CHAPITRE IV.

DE LA PRONONCIATION

COMPARÉE AVEC L'ORTHOGRAPHE.

§ 226. AE, AO, AI.

Ae ont la valeur d'un *a* dans *Caen* (ville).

Ao ont la valeur d'un *a* dans *paon*, *paonne*, *faon*, *Laon* (ville). Mais *ao* se prononcent *o* dans *aoriste*, *août*, *aoûteron*, *Saône* (rivière) et *taon* (mouche).

Ai a la valeur d'un *e* muet dans le participe présent *faisant* et dans *faiseur*.

§ 227. B, C, CH.

B final se prononce dans les noms propres : *Joab*, *Job*, *Jacob*, et dans *radoub* et *rumb*.

C se prononce comme *k* devant *a*, *o*, *u*, *l*, *n*, *r*, *t* : *cabinet*, *colonne*, *Cupidon*, *client*, *Cnéius*, *croire*, *acte* ; mais il se prononce comme *s* avant *e*, *i* : *ceci*.

C final se prononce comme *k* dans *arc*, *bloc*, *échec*, *sec*, *trictrac*, *sac*, *lac*, *bec*, *avec*, *syndic*, *aqueduc*, *caduc*, *turc*, *grec*, *choc*, *duc*, *tillac*, *estoc*, *Languedoc*, *Cognac*, *Isaac*, *Marc* (prénom).

C final ne sonne point dans *blanc*, *broc*, *clerc*, *cotignac*, *estomac*, *franc*, *jonc*, *marc* (poids), *tronc*, *tabac*.

C a le son de *g* dans *second* et ses dérivés.

Ch se prononce comme *k* dans *Achab*, *Achéloüs*, *Achmet*, *anachorète*, *anachronisme*, *archange*, *archonte*, *archiépiscopal*, *archiépiscopat*, *chaos*, *catéchumène*, *Chersonèse*, *Chalcédoine*, *chaldéen*, *chirographaire*, *chœur* et ses dérivés ; *chiromancie*, *chronologie*, *Christ*, *chrétien; eucharistie; Nabuchodonosor; Melchion; Melchisédech; Michel-Ange.*

Quant au mot *Achéron*, il faut prononcer *ch* comme dans *chérir*.

§ 228.   D, E, F.

D final se prononce comme *t*, lorsque le mot suivant commence par une voyelle ou un *h* muet (*Voir* § 16).

E se prononce *a* dans *indémnité, femme, hennir, solennel* et leurs dérivés, et dans les adverbes terminés en *emment: évidemment, diligemment*, etc.

F à la fin des mots, conserve sa prononciation, excepté dans *clef, chef-d'œuvre, cerf, bœuf gras, œuf dur, œuf frais*, et dans les substantifs pluriels *œufs, bœufs, nerfs*.

§ 229.   G, GN.

G se prononce dur devant *a, o, u*, et doux devant *e, i : gage.*

Gn ont une prononciation mouillée dans *digne, signal, agneau*, etc. Il faut en excepter *gnomonique, gnostique, Progné, agnation, stagnant, igné, ignition, inexpugnable, régnicole, cognat, cognation.*

G final, suivi d'un mot qui commence par une voyelle ou un *h* muet, se prononce ordinairement comme un *k : suer sang et eau, long hiver.*

§ 230.   H ASPIRÉE.

Les mots dans lesquels la lettre *h* est aspirée sont indiqués dans le dictionnaire. Nous nous contenterons de donner ceux qui ont des dérivés.

Hâbleur.	Hareng.	Hernie.	Houle.
Hache.	Hâte.	Héron.	Hourder.
Haine.	Hausse.	Heurter.	Houx.
Halbran.	Haut.	Hocher.	Huppe.
Hâle.	Hennir.	Hollande.	Hurler.
Hâleter.	Henri.	Hotte.	
Hardiesse.	Hérisser.	Houblon.	

Quoique la lettre *h* soit aspirée dans *héros*, elle est muette dans *héroïne, héroïque, héroïquement, héroïsme.*

§ 231. I, L.

I ne se prononce pas dans *oignon.*

L ne se prononce pas dans *baril, chenil, coutil, fournil, fusil, gril, nombril, outil, persil, soûl. L* est encore nul dans *gentil* signifiant *joli* et dans le pluriel *gentilshommes.*

L se prononce mouillé : 1° dans *fille, quille, briller;* 2° dans les mots terminés en *œil, ueil* et *ouil;* 3° dans quelques autres finissant par *il : mil, péril.*

§ 232. M, N.

M ne se prononce pas dans *damner* et ses dérivés, ni dans *automne*, quoiqu'il sonne dans *automnal.*

Dans les mots ou *m* est redoublé, le premier *m* se prononce comme *n : emmener, emmailloter.* Il en est de même de *m* devant *b* ou *p : combien, embarras, comptoir, lampe*, etc.

N se prononce fortement dans *hymen, abdomen, Éden, amen, gramen, le Tarn,* etc.

La dernière syllabe du mot *examen* se prononce comme celle de *chemin.*

§ 233. O, P.

Nous avons déjà fait remarquer que *o* est nul dans *paon, paone, faon, Laon.*

Oi dans *roide* se prononce comme si l'on écrivait *rède.*

P est nul dans *dompter, prompt, baptême, sept,* et leurs dérivés, excepté *baptismal.*

Il ne sonne pas non plus dans *exempt,* quoiqu'il sonne dans *exemption.*

Il faut faire sentir le *t* dans *symptôme* et *symptomatique.*

§ 234.   Q , QU , QUE , QUI.

Q ne se prononce pas dans *coq d'Inde,* quoiqu'il sonne dans *coq.* Cette lettre se fait entendre dans *cinq* placé devant une voyelle ou un *h* muette, ou à la fin de la proposition : *cinq écoliers, cinq hommes, ils sont cinq.*

Q se prononce comme *k,* excepté dans les mots suivants, où il a le son de *cou : quadrat* et tous les composés de *quadr, quaker* (qu'on prononce *couacre*), *in-quarto, quartz, quatuor, quintuple, aquarelle, aquatique, équateur, équation,* etc.

Que, qui, se prononcent *cué, cui,* dans *questeu équestre, liquéfaction, équiangle, équilatéral, équitation,* etc.

§ 235.   R.

R se prononce :

1°. Dans les monosyllabes *fer, mer, or, pur,* etc.

2°. Dans *magister, cancer, belvéder, frater, éther, Ju-piter, Esther, le Niger, cuiller, enfer, amer, hiver* et dans tous les mots en *er* dont la terminaison est immédiatement précédée de *f, m* ou *v.*

Quant aux infinitifs de la première conjugaison, la lettre *r* ne s'y prononce pas.

3°. Dans les mots en *ir : désir, plaisir,* etc.

§ 236.   s.

S se prononce dans *as, vis, blocus, chorus, aloès, bibus, choléra-morbus, flores, dervis, gratis, jadis, laps, maïs, mars, mœurs, oremus, ours, relaps, rébus, Rubens, en sus, sinus, vasistas, pathos, Bac-chus;* à la fin de *sens* et *lis,* excepté dans *sens commun, fleur de lis.* Mais *s* ne sonne pas dans *Duguesclin, dès que, tandis que,* ni à la fin des mots *divers, avis, os, alors,* à moins que le mot suivant ne commence par une voyelle ou un *h* muette.

Nous avons vu (§ 6) que *s* entre deux voyelles se prononce comme *z.* Il faut excepter *désuétude, pusilla-*

nime, et les mots composés dont le simple commence
par *s*, comme *préséance*, *présupposer*, etc.

S entre une voyelle et une consonne se prononce encore comme *z*. Dans *balsamine*, *balsamique*, *balsamite*, *transiger*, *transaction*, *transalpin*, *transit*, *transition*, *transitoire*.

§ 237. T., U., V.

T final se fait toujours sentir dans *abject*, *accessit*, *brut*, *chut*, *contact*, *correct*, *direct*, *dot*, *déficit*, *fat*, *granit*, *indult*, *infect*, *lest*, *luth*, *net*, *rapt*, *strict*, *subit*, *tact*, *transit*, *vivat*, *zénith*, *vent d'est*, *d'ouest*, *toast* (qu'on prononce *tost*).

U se prononce dans *aiguille*, *aiguillon*, *aiguiser* et leurs dérivés; dans *arguer*, *inextinguible*, et dans *Guise* (nom propre).

V, lorsqu'il est double, se prononce comme un seul *v* dans *Warwick*, *Westphalie*, *Wirtemberg*, et comme *ou* dans *whig*, *whist*, *wiskey*, *wiski*, qui se prononcent *ouigue*, *ouist*, *ouiski*.

§ 238. X, Y, Z.

X a tantôt le son de *cs*, comme dans *extrême*, *xiphoïde*; tantôt de *gz*, comme dans *exemple*, *exercice*, *Xavier*, *Xercès*; tantôt d'un *c* dur, comme dans *excepter*, *excès*, *exciter*; tantôt d'un *s* fort, comme dans *Auxerre*, *Bruxelles*; tantôt enfin du *z*, comme dans *deuxième*, *sixième*, *dixième*.

Y n'a que la valeur d'un *i* dans *hymen*, *hymne*, *étymologie*, *physique*, *style*, etc. Mais il a la valeur de deux *i* dans *citoyen*, *moyen*, *côtoyer*, et une foule d'autres mots.

Z a le son d'un *s* dans *Metz*, *Suez*, et quelques autres noms propres.

SECONDE PARTIE.

SYNTAXE (1).

LIVRE PREMIER.

SYNTAXE GÉNÉRALE.

CHAPITRE I.

DE LA PROPOSITION.

---

§ 239. DÉFINITION ET CONSTITUTION DE LA PROPOSITION.

On appelle *proposition* l'énonciation d'un jugement (*Voir* § 74).

La proposition, considérée grammaticalement, a autant de parties qu'elle a de mots. Considérée logiquement, elle n'en a que trois : le *sujet*, le *verbe* et l'*attribut*.

Le sujet est l'objet du jugement, c'est l'idée principale. L'attribut est la manière d'être du sujet, c'est l'idée accessoire. Le verbe lie l'attribut au sujet, c'est le mot qui affirme la convenance ou la disconvenance de la manière d'être exprimée par l'attribut. Dans cette proposition, *le ciel est pur*, *le ciel* exprime l'objet du jugement, voilà le sujet ; *pur* exprime la manière d'être

---

(1) Voir quel en est l'objet, § 26.

du sujet *ciel*, voilà l'attribut; *est* exprime la convenance de l'attribut avec le sujet, voilà le verbe.

Il y a dans une phrase autant de propositions qu'il y a de verbes à un mode personnel (*Voir* § 80).

§ 240.   COMPLÉMENT LOGIQUE.

Par *complément logique* on entend tout ce qui sert à l'achèvement du sujet ou de l'attribut.

Quand je dis : *L'enfant ingrat est un être méprisable*, le sujet est *l'enfant;* le verbe, *est;* l'attribut, *un être.* Mais le sujet et l'attribut ainsi séparés des mots *ingrat*, *méprisable*, ne présentent pas un sens complet; ils ont besoin pour cela, que j'ajoute au premier l'adjectif *ingrat*, et au second l'adjectif *méprisable*. Ainsi *ingrat*, *méprisable* complètent le sujet et l'attribut, ils en sont donc les *compléments*. Le nombre des mots complétifs n'est pas limité.

§ 241. DÉCOMPOSITION DES VERBES ATTRIBUTIFS.

Nous avons vu (§ 86) que le verbe *être*, à proprement parler, est le seul verbe qui existe. Aussi n'en connaît-on point d'autre dans l'analyse de la proposition.

Nous avons encore vu (§ 86) que *j'aime, je lis*, sont pour *je suis aimant, je suis lisant.*

Ce changement est facile pour les temps simples, puisqu'il suffit de prendre le même temps du verbe *être* et d'y ajouter le participe présent du verbe attributif. Il n'en est pas de même pour les temps composés et surtout pour ceux des verbes réfléchis.

Nous ferons donc à ce sujet les remarques suivantes :

1°. Dans les temps composés qui prennent l'auxiliaire *avoir*, on change le parfait défini du participe en participe présent, et le verbe *être* prend le même temps que le verbe attributif. Ainsi *j'ai aimé, j'avais lu*, sont pour *j'ai été aimant, j'avais été lisant.*

2°. Dans les temps composés des verbes réfléchis, où le verbe *être* est mis pour le verbe *avoir*, il faut toujours changer le parfait défini du participe en participe présent, et mettre le verbe *être* non pas au temps où il se trouve, mais au même temps que le verbe réfléchi. D'après ce principe, *nous nous sommes souvenus, vous vous seriez repentis,* sont pour *nous avons été nous souvenant, vous auriez été vous repentant.*

§ 242.   REMARQUE.

Le sujet et l'attribut sont les seuls parties de la proposition qui soient susceptibles d'avoir des compléments ; le verbe n'en peut avoir d'aucune espèce. Ainsi, lorsque je dis : *Je suis à votre service, il est dans l'erreur, à votre service* n'est pas le complément de *je suis,* mais celui de *dévoué,* attribut sous-entendu dans la première proposition ; *dans l'erreur* n'est pas le complément de *il est,* mais celui de *tombé,* attribut sous-entendu dans la seconde.

§ 243. DES QUATRE SORTES DE SUJETS ET D'ATTRIBUTS.

Le sujet et l'attribut sont *simples* ou *composés, incomplexes* ou *complexes.*

1°. Le sujet est simple, lorsqu'il n'exprime qu'un seul être ou des êtres de même espèce pris collectivement ; l'attribut est simple, lorsqu'il n'exprime qu'une manière d'être du sujet :

L'histoire est instructive.
Les arts sont utiles.

2°. Le sujet est composé, lorsqu'il exprime des êtres qui ne sont pas de la même espèce ; l'attribut est composé, lorsqu'il exprime plusieurs manières d'être du sujet :

L'histoire et la géographie sont instructives.
Les arts sont utiles et nécessaires.

3°. Le sujet et l'attribut sont incomplexes, lorsqu'ils n'ont aucune espèce de complément :

L'histoire est instructive.
Les arts sont utiles.
L'histoire et la géographie sont instructives.
Les arts sont utiles et nécessaires.

4°. Le sujet et l'attribut sont complexes, lorsqu'ils ont un complément d'une espèce quelconque :

L'histoire sainte est instructive pour tout le monde.

Les arts libéraux sont très-utiles.

L'histoire et la géographie anciennes sont fort instructives.

Les arts mécaniques sont utiles et nécessaires aux besoins de la vie.

§ 244.   REMARQUE.

Tous les mots qui se rapportent au sujet et à l'attribut comme compléments, font partie du sujet et de l'attribut.

Ainsi dans cette phrase :

Le bien de la fortune est un bien périssable,

le sujet logique est *le bien de la fortune,* le verbe est *est,* et l'attribut logique est *un bien périssable.*

Dans cette autre phrase :

L'enfant qui honore ses parents recevra la récompense que Dieu a promise à la piété filiale,

le sujet logique est *l'enfant qui honore ses parents;* le verbe est *sera,* et l'attribut logique est *recevant la récompense que Dieu a promise à la piété filiale.*

Ce dernier exemple nous fait voir que le complément logique du sujet et de l'attribut peut renfermer des propositions tout entières.

§ 245. DE LA PROPOSITION PRINCIPALE ET DE
LA PROPOSITION INCIDENTE.

Il y a deux sortes de propositions : la *principale* et l'*incidente.*

La proposition principale est celle dont les autres dépendent; la proposition incidente est celle qui est ajoutée à un des termes d'une autre proposition pour en compléter la signification.

Quand je dis :

Les honnêtes gens sont ceux qui sacrifient leur intérêt particulier à l'intérêt général, il y a là deux propositions : la première se compose des mots *les honnêtes gens sont ceux*, et la seconde des mots *qui sacrifient leur intérêt particulier à l'intérêt général*. Or, comme la première a sous sa dépendance la seconde qui la complète, elle est *principale*, et l'autre est *incidente*.

Mais si je dis :

Celui qui pratique la vertu est un homme qui mérite notre estime,

il y a là trois propositions : *celui est un homme, qui pratique la vertu* et *qui mérite notre estime.* La première a sous sa dépendance les deux autres qui la complètent, elle est principale ; la deuxième et la troisième sont incidentes.

§ 246.   REMARQUE.

Le mot qui sert presque toujours à lier une proposition incidente à la proposition qu'elle complète, est un *adjectif relatif* ou une *conjonction*. Il faut en excepter *et, ou, ni, mais*, qui n'annoncent une incidente, qu'autant qu'elles sont suivies d'une autre conjonction ou d'un adjectif relatif.

De ce qui précède on peut conclure :

1°. Qu'une proposition est généralement principale, lorsqu'elle ne commence ni par un adjectif relatif ni par une conjonction, excepté *et, ou, ni, mais.*

2°. Qu'une proposition est généralement incidente, lorsqu'elle commence par un adjectif relatif ou par une conjonction, excepté *et, ou, ni, mais.*

§ 247. **DES DEUX SORTES DE PROPOSITIONS PRINCIPALES.**

Il y a deux sortes de propositions principales : la principale *absolue* et la principale *relative*.

La proposition principale absolue est celle qui se trouve énoncée la première.

La proposition principale relative est celle qui tient le deuxième, le troisième ou le quatrième rang, etc.

Sois juste, et tu seras heureux.

Il veut parler ; sa voix expire dans sa bouche :
L'horreur d'être vaincu rend son air plus farouche.
Il se lève, il retombe, il ouvre un œil mourant;
Il regarde Pâris, et meurt en soupirant.

Dans la première de ces trois phrases, il y a une proposition principale absolue et une proposition principale relative ; dans la deuxième, il y a une proposition principale absolue et deux propositions principales relatives; dans la troisième, il y a une proposition principale absolue et trois propositions principales relatives.

§ 248. DES DEUX SORTES DE PROPOSITIONS INCIDENTES.

Il y a deux sortes de propositions incidentes : l'incidente *déterminative* et l'incidente *explicative*.

La proposition incidente déterminative est essentielle, c'est-à-dire indispensable pour *déterminer* le terme qu'elle complète.

La proposition incidente explicative, au contraire, n'est qu'accidentelle, c'est-à-dire qu'elle sert à expliquer, à développer le terme qu'elle complète. La première ne peut être supprimée sans que le sens de la proposition à laquelle elle se rapporte soit détruit ou dénaturé, tandis qu'on peut, sans inconvénient, retrancher la seconde.

Je crois QUE LA VERTU EST PRÉFÉRALE A TOUS LES BIENS; *l'homme* QUI S'EN ÉCARTE *s'éloigne du bonheur.*

Il faut, *autant qu'on peut*, obliger tout le monde.
Le temps, *qui change* tout, change aussi nos humeurs.

Dans la première de ces trois phrases, il y a deux propositions incidentes déterminatives; dans la deuxième, il y a une proposition incidente explicative, ainsi que dans la troisième.

§ 249.   DE LA PROPOSITION ELLIPTIQUE.

La proposition est *elliptique* (1), lorsque certaines parties constitutives sont sous-entendues.

______

(1) Ce mot vient d'*ellipse*, qui signifie retranchement d'un ou de plusieurs mots.

Ainsi ces propositions :

Soyez généreux ;
Turenne mourut comme un héros ,

sont elliptiques ; elles équivalent à celles-ci :

Vous, *soyez généreux ;*
Turenne mourut comme un héros MEURT.
Demain, hier, etc., forment des propositions ellipti-
ques.

Dans ces phrases :

Quand viendrez-vous ? DEMAIN ;
Quand est-il parti ? HIER ,

demain, équivaut à *je viendrai* DEMAIN ; *hier* équivaut
à *il est parti* HIER.

§ 250.   DE LA PROPOSITION IMPLICITE.

La proposition est *implicite,* lorsqu'elle renferme en
elle-même le sujet, le verbe et l'attribut, sans qu'aucune de ces parties soit.exprimée.

Dans cette phrase :

HÉLAS ! *j'ai tout perdu,*

le seul mot *hélas!* forme une proposition implicite,
car il signifie *je suis malheureux.* Il en est de même de
toutes les interjections.

Oui et *non* sont aussi des propositions implicites :
Aimez-vous l'étude ? OUI. C'est-à-dire *j'aime l'étude.*
Lisent-ils ? NON. C'est-à-dire *ils ne lisent pas.*

-§ 251.   DES INVERSIONS.

On appelle *inversions* certains changements dans
l'ordre ordinaire des mots. Les inversions sont plus fré-
quentes en poésie qu'en prose.

Mais *du bonheur* la source est pure.

De la religion la justice est la sœur.

Ah ! puissent voir longtemps votre beauté **sacrée**
        Tant d'amis sourds à mes adieux !

La mort a des rigueurs à nulle autre pareille.

Surtout qu'*en vos écrits* la langue révérée,
Dans vos plus grands excès vous soit toujours sacrée.

La construction grammaticale de ces vers serait :

Mais la source *du bonheur* est pure.

La justice est la sœur *de la religion.*

Ah ! (que) *tant d'amis sourds à mes adieux*
Puissent voir longtemps votre beauté sacrée !

La mort a des rigueurs pareilles *à nulle autre.*

Surtout que la langue révérée *en vos écrits,*
Vous soit toujours sacrée *dans vos plus grands excès.*

CHAPITRE II.

SYNTAXE D'ACCORD.

I. — ACCORD DE L'ADJECTIF.

§ 252.   PREMIÈRE RÈGLE.

L'adjectif s'accorde en genre et en nombre avec le nom auquel il se rapporte :

Le père *bon.*	La mère *bonne.*
Les pères *bons.*	Les mères *bonnes.*

MANIÈRE DE FAIRE ACCORDER.

Genres. { Si le substantif est au *masculin*, l'adjectif se met au *masculin.*
Si le substantif est au *féminin*, l'adjectif se met au *féminin.*

Nombres. { Si le substantif est au *singulier*, l'adjectif se met au *singulier.*
Si le substantif est au *pluriel*, l'adjectif se met au *pluriel.*

§ 253. DEUXIÈME RÈGLE.

Lorsqu'un adjectif se rapporte à deux substantifs singuliers, on met cet adjectif au pluriel, parce que deux singuliers valent un pluriel :

Le roi et le berger sont ÉGAUX *après la mort.*

§ 254. TROISIÈME RÈGLE.

Lorsque les deux substantifs sont de différents genres, l'adjectif pluriel se met au masculin.

Mon père et ma mère sont CONTENTS (1).

§ 255. PREMIÈRE OBSERVATION.

On met *de* pour *des* devant un adjectif suivi d'un substantif commun, lorsque ce substantif est pris dans un sens indéterminé :

DE *magnifiques palais.* DE *riches moissons.*

§ 256. DEUXIÈME OBSERVATION.

Quant à la place des adjectifs, il y en a qui se mettent devant le substantif, comme BEAU *château*, GRAND *parc*, etc. ; d'autres qui se mettent après le substantif, comme *drap* BLANC, *robe* NOIRE, etc. L'usage est le seul guide à cet égard.

Cependant la position de l'adjectif, avant ou après le substantif, en change souvent la signification.

1°. { Un homme *grand* est un homme d'une grande taille.
{ Un *grand* homme est un homme d'un génie supérieur.

2°. { Un homme *honnête* est un homme poli, civil.
{ Un *honnête* homme est un homme d'honneur.

3°. { Un homme *plaisant* est un homme enjoué.
{ Un *plaisant* homme est un homme ridicule.

---

(1) Quand il s'agit de choses, on met le substantif masculin le dernier, si l'adjectif a une terminaison particulière pour le féminin. Ainsi l'on écrira : *La maison et le bois voisins.*

4°. { Un homme *pauvre* est un homme sans fortune.
     { Un *pauvre* homme est un homme de peu de ressource.

5°. { Un homme *galant* est un homme qui cherche à plaire.
     { Un *galant* homme est un homme qui a de la probité.

§ 257.   TROISIÈME OBSERVATION.

Certains adjectifs peuvent être employés comme substantifs, et certains substantifs également peuvent être employés comme adjectifs.

Dans cette phrase : *Auguste* EMPEREUR, *empereur* qualifie *Auguste ;* ce mot est donc adjectif.

Dans cette autre phrase : *Je préfère* L'UTILE *à* L'AGRÉABLE, ces mots *l'utile*, *l'agréable*, ne servent point à qualifier ; ils sont donc substantifs.

II. — ACCORD DU PRONOM.

§ 258.   RÈGLE GÉNÉRALE.

Les pronoms s'accordent aussi en genre et en nombre avec les noms dont ils rappellent l'idée.

En parlant de l'étude, je dis, ELLE *me réjouit;* je mets *elle*, parce-que ce pronom rappelle l'idée d'*étude*, qui est du féminin et au singulier. De même, en parlant de plusieurs enfants, je dis, ILS *sont studieux;* je mets *ils*, parce que ce pronom rappelle l'idée d'*enfant*, qui est du masculin et au pluriel.

III. — ACCORD DU VERBE.

§ 259.   DU SUJET.

Nous avons vu (§ 74) ce qu'on entend par *sujet* d'un verbe. Le mot qui exprime ce sujet vient en réponse à la question *qui est-ce qui* pour les personnes, *qu'est-ce qui* pour les choses.

Prenons pour exemple cette phrase : *L'enfant aime.* Si je fais la question QUI EST-CE QUI *aime ?* il vient en réponse, *l'enfant.* Ce mot est donc le sujet du verbe AIMER, c'est-à-dire ce qui est ou ce qui fait l'action affirmée par le verbe.

§ 260. **PREMIÈRE RÈGLE.**

Tout verbe doit être du même nombre et de la même personne que son sujet :

Je LIS : *lis* est du singulier et de la première personne, parce que son sujet *je* est du singulier et de la première personne.

Vous LISEZ : *lisez* est du pluriel et de la deuxième personne, parce que son sujet *vous* est du pluriel et de la deuxième personne.

§ 261. **DEUXIÈME RÈGLE.**

Tout sujet composé de plusieurs substantifs ou de plusieurs pronoms, veut le verbe au pluriel :

Mon frère et ma sœur LISENT.

§ 262. **TROISIÈME RÈGLE.**

Si les substantifs ou les pronoms qui composent le sujet sont de différentes personnes, on met le verbe à la plus noble : la première est plus noble que la deuxième ; la deuxième est plus noble que la troisième :

Vous et moi NOUS ÉTUDIONS.
Vous et votre frère VOUS CAUSEZ.

Je mets *vous* avant *moi* dans le premier exemple, parce que la politesse française veut qu'on nomme d'abord les personnes à qui l'on parle, et qu'on se nomme le dernier.

§ 263. **OBSERVATION.**

Le mot *il* ne marque un verbe impersonnel que lorsqu'on ne peut pas mettre un nom à sa place. Or, si je dis, en parlant d'un maître, *il enseigne,* ce n'est pas un verbe impersonnel, parce que, à la place du mot *il,* on peut mettre *le maître,* et dire *le maître enseigne;* mais dans cette phrase, *jeune homme, il faut partir,* comme on ne peut rien substituer à la place du pronom, le verbe *il faut* est impersonnel.

On appelle ce pronom *absolu,* parce que, comme on

vient de le voir, il ne peut être remplacé par aucun nom.

IV. — ACCORD DU PARTICIPE.

§ 264.   PREMIÈRE RÈGLE.

Le participe présent est invariable, c'est-à-dire qu'il ne prend ni genre ni nombre.

MASCULIN.	FÉMININ.
Un homme *lisant*.	Une femme *lisant*.
Des hommes *lisant*.	Des femmes *lisant*.

§ 265.   SECONDE RÈGLE.

Le parfait défini du participe, employé seul, est considéré comme adjectif, et alors il en suit les différentes règles.

Un père *aimé*.	Une mère *aimée*.
Des princes *chéris*.	Des princesses *chéries*.
Le père et le fils *estimés*.	La mère et la fille *estimées*.

Le frère et la sœur *instruits*, et non pas *instruites*.

CHAPITRE III.

SYNTAXE DE COMPLÉMENT.

I. — COMPLÉMENT DU NOM ET DE L'ADJECTIF.

§ 266.   DU COMPLÉMENT.

Nous avons vu (§ 74) ce qu'on entend par *complément* ou *régime* d'un verbe. Ajoutons que c'est un mot qui dépend d'un autre mot qui précède et dont il complète le sens.

§ 267.   RÈGLE GÉNÉRALE.

Pour joindre un substantif à un mot précédent, on

met seulement DE, lorsque le premier mot est un substantif; on met DE ou A, lorsque le premier mot est un adjectif :

Fruit DE *l'arbre,* *utile* A *l'homme,* *content* DE *son sort, semblable* A *son père, digne* DE *récompense, propre* A *la guerre.*

L'arbre est le complément du substantif *fruit,* parce qu'il est joint à ce nom par la préposition *de.*

L'homme est le complément de l'adjectif *utile,* parce qu'il y est joint par la préposition *à.*

On pourrait dire aussi que ces substantifs sont simplement le complément des prépositions DE et A.

II. — COMPLÉMENT DU VERBE.

§ 268.   COMPLÉMENT DES VERBES ACTIFS.

On entend par *complément* ou *régime* des verbes actifs le mot qui vient en réponse à la question *qu'est-ce que.*

Dans la phrase suivante, *l'enfant aime le livre,* si je fais la question, QU'EST-CE QUE *l'enfant aime?* il vient en réponse, *le livre.* Ce mot est donc le complément du verbe actif AIMER.

§ 269. PLACE DU COMPLÉMENT DES VERBES ACTIFS.

Le complément d'un verbe actif se place ordinairement après le verbe :

J'aime DIEU.

Mais si ce complément est un pronom, il se met avant le verbe :

Je VOUS *aime,* pour *j'aime* VOUS. *Il* M'*aime,* pour *il aime* MOI.

§ 270. COMPLÉMENT INDIRECT DES VERBES ACTIFS.

Outre le premier complément qu'on appelle *direct,* les verbes actifs peuvent avoir un second complément qu'on appelle *indirect.* On le connaît en faisant les questions *à qui* ou *à quoi, de qui* ou *de quoi.*

Dans cette phrase, *j'ai donné un livre à Paul,* si je fais la question, A QUI *ai-je donné un livre?* il vient en réponse, *à Paul. Paul* est donc le complément indirect du verbe actif DONNER.

§ 271. MARQUE DISTINCTIVE DU COMPLÉMENT INDIRECT.

Le complément indirect se marque par la préposition DE OU A :

RÉGIME DIRECT.	RÉGIME INDIRECT.
Enseigner la grammaire	*à* l'enfant.
Écrire une lettre	*à* son ami.
Donner une image	*à* l'écolier.
Accuser quelqu'un	*de* mensonge.
Avertir quelqu'un	*d'*une faute.
Délivrer quelqu'un	*du* danger.

A *l'enfant* est le complément indirect du verbe *enseigner.*

A *son ami* est le complément indirect du verbe *écrire.*

A *l'écolier* est le complément indirect du verbe *donner.*

DE *mensonge* est le complément indirect du verbe *accuser.*

D'*une faute* est le complément indirect du verbe *avertir.*

Du *danger* est le complément indirect du verbe *délivrer.*

Il serait plus exact de dire que ces substantifs sont le complément des prépositions A et DE.

§ 272. COMPLÉMENT DES VERBES PASSIFS.

Le *complément* ou *régime* d'un verbe passif est le mot qui vient en réponse à l'une des questions *de qui, par qui.*

Dans cette phrase, *je suis aimé de Dieu,* si je fais la question, DE QUI *suis-je aimé?* il vient en réponse, *de Dieu. De Dieu* est donc le complément du verbe passif JE SUIS AIMÉ.

Tout verbe ACTIF a un PASSIF.

§ 273.   **FORMATION DU PASSIF.**

Le passif d'un verbe se forme en prenant le *complément direct* du verbe ACTIF pour en faire le *sujet* du verbe PASSIF, et le *sujet* pour en faire un *complément,* en ajoutant la préposition PAR ou DE :

	PHRASES ACTIVES.	PHRASES PASSIVES.
Sujet.	Le juge	Le coupable
Verbe.	condamne	est condamné
Complément.	le coupable.	*par* le juge.
Sujet.	Nous	La vertu.
Verbe.	admirons	est admirée
Complément.	la vertu.	*de* nous.
Sujet.	Les hommes	Les richesses
Verbe.	recherchent	sont recherchées
Complément.	les richesses.	*par* les hommes.

PAR *le juge* est le complément du verbe *est condamné.*
DE *nous* est le complément du verbe *est admiré.*
PAR *les hommes* est le complément du verbe *sont recherchés.*

Il serait plus exact de dire que ces substantifs sont le complément des prépositions PAR et DE.

§ 274.   **COMPLÉMENT DES VERBES NEUTRES.**

Il y a des verbes neutres qui ont un complément ; mais ce complément est indirect, puisque l'action affirmée par le verbe neutre ne peut tomber directement sur un *être* ni sur un *objet.* Il faut donc, pour le connaître, faire l'une des deux questions indiquées pour le complément indirect des verbes actifs, *à qui* ou *à quoi, de qui* ou *de quoi.*

On met *de* ou *à* devant le nom ou pronom qui suit le verbe neutre :

A	DE
Plaire *à* Dieu.	Médire *de* son prochain.
Obéir *au* prince.	Rire *du* malheur.
Nuire *à* la réputation.	Jouir *de* la santé.
Manquer *aux* bienséances.	Profiter *des* conseils.

A *Dieu* est le complément du verbe *plaire*.

Au *prince* est le complément du verbe *obéir*.

A *la réputation* est le complément du verbe *nuire*.

Aux *bienséances* est le complément du verbe *manquer*.

De *son prochain* est le complément du verbe *médire*.

Du *malheur* est le complément du verbe *rire*.

De *la santé* est le complément du verbe *jouir*.

Des *conseils* est le complément du verbe *profiter*.

§ 275.   COMPLÉMENT DES VERBES RÉFLÉCHIS.

Les pronoms *me*, *te*, *se*, *nous*, *vous*, qui sont le complément des verbes réfléchis, sont quelquefois complément direct, et quelquefois complément indirect :

Je ME *flatte*, c'est-à-dire *je flatte* MOI.

Tu TE *blesseras*, c'est-à-dire *tu blesseras* TOI.

Je ME *fais gloire*, c'est-à-dire *je fais gloire* A MOI.

Il S'EST *fait violence*, c'est-à-dire *il a fait violence* A SOI.

Dans les deux premières phrases, *me* et *te* sont des compléments directs ; dans les deux dernières, *me* et *se* sont des compléments indirects.

§ 276.   REMARQUES SUR LES VERBES RÉFLÉCHIS.

1°. On voit, par le dernier exemple, que dans les temps composés il faut substituer le verbe *avoir* à la place du verbe *être*, pour s'assurer du complément.

2°. Dans ces sortes de phrases, *nous nous entretenons*, *vous vous entr'aidez*, les verbes réfléchis ou pronominaux prennent encore la dénomination de *réciproques*, parce que plusieurs sujets agissent les uns sur les autres de la même manière, avec réciprocité.

3°. C'est toujours le deuxième pronom qui forme le complément du verbe, lorsque le même mot est répété.

III. — COMPLÉMENT DU PARTICIPE.

§ 277.   OBSERVATION.

Le présent et le parfait du participe veulent après eux
le même complément que le verbe d'où ils viennent :

Un homme craignant DIEU.
L'ennemi ayant pris LA VILLE.
Mon ami étant favorisé DE LA FORTUNE.
Ce général ayant été pris PAR LES VOLEURS.

§ 278. DU PARTICIPE PRÉSENT ET DE L'ADJECTIF VERBAL.

L'*adjectif verbal* est celui qui vient du verbe, comme
obligeant, obligeante, qu'on a formé du verbe *obliger;
riant, riante,* qui vient du verbe *rire.*

On ne peut point confondre le participe présent avec
l'adjectif verbal : car le participe présent a un complément et l'adjectif verbal n'en a point :

Cette femme est d'un bon caractère, OBLIGEANT *tout le
monde.*
Cette femme est charitable, OBLIGEANTE.

On voit que dans le premier exemple le mot *obligeant*
a un complément : c'est donc un *participe présent.*

Dans le deuxième, *obligeante* n'en a point : c'est dont
un *adjectif verbal.*

IV. — COMPLÉMENT DE LA PRÉPOSITION.

§ 279.   OBSERVATION.

Le *complément des prépositions* n'est rien autre chose
que les mots devant lesquels elles sont placées, pour
exprimer les différents rapports qu'ils ont avec les mots
qui précèdent.

Nous nous bornerons à indiquer les principaux.

§ 280.   RAPPORT DE PLACE, DE LIEU.

A. Attacher *à* la porte; vivre *à* Paris; aller *à* Vienne.
APRÈS. *Après* la cour est le jardin.

Chez. Être *chez* son père ; cet ouvrage se trouve *chez* le libraire.

Dans. Être *dans* la chambre ; serrer *dans* une cassette.

De. Sortir *de* la maison ; venir *de* la campagne.

Depuis. *Depuis* Reims jusqu'à Paris ; *depuis* la Seine jusqu'à la Loire.

Derrière. Il est *derrière* vous ; se cacher *derrière* un mur.

Dès. Cette rivière est navigable *dès* sa source.

Devant. Regarder *devant* soi ; se placer *devant* quelqu'un.

En. Être *en* Italie ; voyager *en* Allemagne.

Entre. Placez-vous *entre* nous deux ; ce village est *entre* Paris et Corbeil.

Par. Voyager *par* terre ; passer *par* la ville.

Sous. Mettre un tapis *sous* les pieds ; tout ce qui est *sous* le ciel.

Sur. Avoir son chapeau *sur* la tête ; mettre un flambeau *sur* la table.

Vers. Lever les yeux *vers* le ciel ; l'aimant se tourne *vers* le nord.

Vis-a-vis. Il demeure *vis-à-vis* l'église ; il est placé *vis-à-vis* son frère.

§ 281.   RAPPORT DE TEMPS.

A. Je partirai *à* midi ; il se lève *à* six heures.

Après. Une heure *après* le lever du soleil ; *après* le déluge.

Avant. La lune parut *avant* la nuit ; *avant* la fin de la semaine.

Dans. *Dans* le courant de l'année ; *dans* quinze jours d'ici.

De. Voyager *de* nuit ; partir *de* jour.

Depuis. *Depuis* deux heures jusqu'à quatre ; *depuis* la création du monde.

Dès. *Dès* l'enfance ; *dès* hier ; *dès* le mois prochain.

Durant. *Durant* tout le jour ; *durant* l'été.

En. *En* temps de guerre ; *en* temps de paix.

Entre. *Entre* quatre et cinq heures; *entre* le printemps et l'automne.

Par. Je suis arrivé *par* la pluie; aller se promener *par* le beau temps.

Pendant. *Pendant* le siége ; *pendant* le repas.

Sous. *Sous* les empereurs romains; *sous* le règne de Louis XIV.

Sur. Il vint *sur* le soir ; *sur* la fin de sa vie.

Vers. *Vers* minuit; *vers* l'automne; *vers* le commencement du dix-huitième siècle.

§ 282.   RAPPORT D'ORDRE.

Après. J'irai *après* vous; *après* la vertu, la science est le plus beau de tous les biens.

Avant. La nouvelle est arrivée *avant* le courrier; cette page aurait dû être mise *avant* l'autre.

Depuis. *Depuis* Alexandre jusqu'à César; *depuis* le premier jusqu'au dernier.

Devant. Le berger marche *devant* le troupeau ; allez *devant* moi.

Par. Il a fini *par* cet air; ce livre commence *par* la fin.

§ 283.   RAPPORT D'UNION,

Avec. Jouer *avec* ses amis; il est parti *avec* le rhume.

Entre. Il est placé *entre* les meilleurs rois ; quel rapport y a-t-il *entre* ces deux propositions?

Outre. Compagnie de cent hommes, *outre* les officiers; *outre* cela.

§ 284.   RAPPORT DE SÉPARATION.

Hors. Tout est perdu, *hors* l'honneur; nous l'avons mis *hors* de danger.

Hormis. Ils sont tous restés, *hormis* quelques-uns; lisez tous mes livres, *hormis* ceux-ci.

Sans. Cet enfant est *sans* moyens; les soldats *sans* leurs officiers.

§ 285.   RAPPORT D'OPPOSITION.

CONTRE. Le peuple révolté *contre* les grands ; plaider *contre* quelqu'un.

AVEC. Il rivalise *avec* nous ; la Russie était en guerre *avec* la Turquie.

ENTRE. Il y a autant de différence *entre* ces deux princes, qu'*entre* Trajan et Néron.

MALGRÉ. Je sortirai *malgré* vous ; il est parti *malgré* le froid.

NONOBSTANT. Il joue *nonobstant* vos avis ; il entra *nonobstant* la défense.

§ 286.   RAPPORT DE BUT, DE MOTIF.

A. Exhorter *à* lire ; tirer *à* profit.

APRÈS. Courir *après* quelqu'un ; soupirer *après* la liberté.

DANS. Il fait cela *dans* le dessein de nuire ; travailler *dans* la pensée de réussir.

EN. Offrir en dédommagement ; donner *en* prix.

ENVERS. Charitable *envers* les pauvres ; respectueux *envers* ses maîtres.

PAR. Agir *par* crainte ; secourir *par* pitié.

POUR. Combattre *pour* la gloire ; étudier *pour* son instruction.

SUR. Baser son raisonnement *sur* un principe ; faire *sur* parole.

TOUCHANT. Il a écrit *touchant* cette affaire ; *touchant* vos intérêts.

§ 287.   RAPPORT DE CAUSE, DE MOYEN.

A. Bateau *à* vapeur ; arme *à* feu.

ATTENDU. Il est instruit *attendu* son âge ; le courrier n'a pu partir, *attendu* le mauvais temps.

DE. Je suis content *de* sa conduite ; je suis charmé *de* son application.

MOYENNANT. J'espère *moyennant* la grâce de Dieu ; *moyennant* le secours de mon ami.

Sauf. (Cette préposition marque *exception*.) *Sauf* meilleur avis; *sauf* erreur.

Selon, suivant. (Ces deux prépositions marquent conformité.) Se conduire *selon* la raison.

Sur. Se tenir *sur* le dos; rester *sur* les pieds.

On voit que la même préposition peut exprimer différents rapports.

V. — COMPLÉMENT DES CONJONCTIONS.

§ 288.   OBSERVATION.

Le verbe qui suit une conjonction ou une locution conjonctive se met à l'indicatif ou au subjonctif, et alors il en est le complément.

§ 289. CONJONCTIONS QUI VEULENT LE SUBJONCTIF.

Les conjonctions et les locutions conjonctives qui veulent le subjonctif, sont les suivantes : *Soit que, sans que, si ce n'est que, quoique, jusqu'à ce que, encore que, à moins que, pourvu que, supposé que, au cas que, avant que, non pas que, afin que, de peur que, de crainte que,* et *que* en général, quand on marque quelque doute ou quelque souhait, comme *je doute* qu'*il vienne, je souhaite* QUE *vous vous portiez mieux.*

LIVRE DEUXIÈME.
SYNTAXE PARTICULIÈRE.

CHAPITRE I.
DU NOM.

I. — DU GENRE.

§ 290.   **OBSERVATION.**

On comptait autrefois beaucoup de noms des deux genres; mais l'usage en a diminué le nombre. Du reste, il n'y a que les trois premiers qui présentent le même sens aux deux genres.

§ 291.   **NOMS DES DEUX GENRES.**

MASCULIN.	FÉMININ.
1°. *Amour, délice, orgue,* au singulier : *Amour* CONSTANT, PUR *délice,* GRAND *orgue.*	*Amours, délices, orgues.* au pluriel. *Amours* CONSTANTES, PURES *délices,* GRANDES *orgues.*
2°. *Aigle,* très-grand et très-fort oiseau de proie : *Aigle* FIER ET COURAGEUX. *Aigle,* homme d'un génie, d'un talent supérieur : *C'est* UN *aigle.*	*Aigle,* dans le sens d'enseigne : L'*aigle* romaine.
3°. *Couple,* marquant la réunion des deux sexes : Un *couple* HEUREUX, UN BEAU *couple.*	*Couple,* marquant le nombre de deux : UNE *couple de bœufs,* UNE *couple de moutons.*

MASCULIN.

On dira : Un *couple de pigeons*, lorsqu'il s'agira du mâle et de la femelle.

4°. *Enfant*, quand il désigne un garçon :
Voilà UN BEL *enfant*.

5°. *Enseigne*, celui qui porte un drapeau :
UN *enseigne se signala dans cette journée*.

6°. *Foudre*, employé au figuré :
UN *foudre d'éloquence*.
UN *foudre de guerre*.
On dit LE *foudre* VENGEUR, *les foudres* MENAÇANTS.

7°. *Hymne*, pièce de poésie, en général :
UN *hymne* GUERRIER.
DES *hymnes* RÉPUBLICAINS.

8°. *OEuvre*, ouvrage de musique :
LE MEILLEUR *œuvre de Boïeldieu*.
Les DEUX PREMIERS *œuvres de Pleyel*.
On dit aussi *grand œuvre*, en parlant de la création ou de la pierre philosophale.

9°. *Période*, employé au figuré pour signifier le plus haut point où une chose puisse arriver ou un espace de temps vague :
LE DERNIER *période du malheur*.
Dans le PREMIER *période de son règne*.
Dans UN CERTAIN *période de temps*.

FÉMININ.

Mais on dira UNE *couple de pigeons*, lorsqu'il ne s'agira ni de l'un ni de l'autre sexe.

Enfant, quand il désigne une fille :
Voilà UNE BELLE enfant.

Enseigne, drapeau, et en général toute espèce d'indication :
Enseignes ROYALES.
BONNE *enseigne*.

Foudre, employé au propre :
LA *foudre est* TOMBÉE.
Etre frappé de LA *foudre*.
On dit semblablement : LA *foudre* VENGERESSE, *les foudres* MENAÇANTES.

Hymne, pièce de poésie qu'on chante à l'église :
L'hymne de la Chandeleur est TRÈS-BELLE. (Il est aussi masc.)

OEuvre, action, ouvrage, en général :
Les œuvres MERVEILLEUSES *de Jésus-Christ*.
Les œuvres COMPLÈTES *de Racine*.
Le maître des HAUTES *œuvres*.

Période, terme d'astronomie, de médecine, de grammaire et de musique :
Le soleil et la lune ont des périodes RÉGLÉES.
La fièvre est à SA DERNIÈRE *période*.
Période ARRONDIE.

MASCULIN.	FÉMININ.
10°. *Quelque chose*, lorsqu'il signifie une chose :	*Quelque chose*, quand il veut dire *quelle que soit la chose.*
Vous dites là quelque chose qui peut être mal INTERPRÉTÉ, c'est-à-dire *vous dites là une chose qui....*	*Nous vous avons accueillis, quelque chose qui nous ait été* DEMANDÉE, c'est-à-dire *quelle que soit la chose qui....*

II. — DU NOMBRE.

§ 292. NOMS SANS PLURIEL.

Il y a des substantifs qui n'ont pas de pluriel. Ce sont :

1°. Les noms propres, comme nous l'avons déjà remarqué. Cependant on dit *les* ALEXANDRES, *les* CÉSARS, etc., pour désigner leurs imitateurs.

2°. Les noms des métaux pris dans un sens général. On ne dit point *les* ORS, *les* ARGENTS, *les* FERS, *les* CUIVRES, etc.

3°. Les substantifs formés des adjectifs : *le* BEAU, *l'*UTILE, *l'*AGRÉABLE, *le* VRAI, *le* FAUX, *le* GRAVE, *le* DOUX, *le* PLAISANT, *le* SUBLIME, etc.

4°. Les substantifs formés des verbes : *le* BOIRE, *le* MANGER, etc.

§ 293. NOMS SANS SINGULIER.

On compte quelques substantifs qui manquent de singulier. Ce sont : *ancêtres, funérailles, mœurs, obsèques, pleurs, ténèbres, vêpres,* etc.

§ 294. NOMS INVARIABLES.

Il y a des noms qui ne prennent point la marque du pluriel. Ce sont :

1°. Les mots invariables de leur nature employés comme substantifs dans certaines phrases : *les* POURQUOI, *les* PARCE QUE, *les* CAR, *les* SI, *les* MAIS, *les* OUI, *les* NON, *les* ON DIT, etc.

2°. Plusieurs substantifs empruntés des langues étrangères : *des* ACCESSIT, *des* PATER, *des* CREDO, etc. Cepen-

dant l'Académie autorise le pluriel de ceux qui sont fréquemment employés, comme les *opéras,* les *bravos,* les
duos, les *trios,* etc.

III. — FORMATION DU PLURIEL DANS LES NOMS COMPOSÉS (1).

§ 295.   PREMIÈRE RÈGLE.

Quand un nom composé est formé de deux substantifs qui se suivent immédiatement, les deux substantifs
prennent la marque du pluriel :

Un CHEF-LIEU, *des* CHEFS-LIEUX.

§ 296.   DEUXIÈME RÈGLE.

Quand un nom composé est formé d'un substantif et
d'un adjectif, ils prennent tous les deux la marque du
pluriel :

Un CHAT-HUANT, *des* CHATS-HUANTS.
(La lettre *h* est aspirée dans le mot *huant.*)

§ 297.   TROISIÈME RÈGLE.

Quand un nom composé est formé de deux substantifs unis par une préposition, le premier substantif prend
seul la marque du pluriel :

Un CHEF-D'OEUVRE, *des* CHEFS-D'OEUVRE.

§ 298.   QUATRIÈME RÈGLE.

Quand un nom composé est formé d'un substantif
joint à un adverbe ou à une préposition, le substantif
seul se met au pluriel :

Un AVANT-COUREUR, *des* AVANT-COUREURS.
Un CONTRE-COUP, *des* CONTRE-COUPS.

---

(1) On entend par *noms composés* certaines réunions de mots qui ne forment qu'un seul et même sens, et qui sont précédés de l'article ou d'un adjectif déterminatif.

§ 299.   CINQUIÈME RÈGLE.

Quand un nom composé est formé d'un substantif joint à un verbe, il faut considérer si le substantif porte avec lui l'idée d'unité ou de pluralité. S'il y a unité dans l'idée, le substantif se met toujours au singulier ; mais s'il y a pluralité, il se met toujours au pluriel :

Un ou *des* PRIE-DIEU.
Un ou *des* CURE-DENTS.

§ 300.   SIXIÈME RÈGLE.

Quand un nom composé n'est formé que de mots invariables, tels que verbe, adverbe, préposition, aucune de ses parties ne prend la marque du pluriel :

Un ou *des* POUR-BOIRE.
Un ou *des* PASSE-PARTOUT.

§ 301. .   REMARQUES.

1°. Dans les noms composés, les seuls mots qui prennent la marque du pluriel sont le *substantif* et l'*adjectif*, parce qu'ils en sont susceptibles par leur nature.

2°. Ces règles sont soumises à un grand nombre d'exceptions, qui, pour la plupart, sont indiquées dans le dictionnaire.

CHAPITRE II.

DE L'ARTICLE.

§ 302.   PREMIÈRE RÈGLE.

On emploie l'article avant les noms communs pris dans un sens déterminé :

LA *foi,* L'*espérance et* LA *charité sont* LES *trois vertus théologales.*
LE *père et* LA *mère de* CET *enfant sont* NOS *parents.*

§ 303. REMARQUE.

Les adjectifs déterminatifs *mon*, *ton*, *son*, *ce*, *cet*, *un*, *une*, etc., remplissent la fonction de l'article et en sont les équivalents. C'est pour cette raison qu'on le supprime devant ces adjectifs.

§ 304. DEUXIÈME RÈGLE.

On emploie les articles composés *du*, *de le*, *de la*, *des*, avant les noms communs, lorsqu'ils désignent une partie, une portion des personnes ou des choses dont on parle :

Donnez-moi DU *pain*, c'est-à-dire *une partie du pain.*

Il y a de l'argent, c'est-à-dire *une portion de tout l'argent.*

Cette boîte contient DE LA *poudre*, c'est-à-dire *une partie de toute la poudre.*

Il y a ici DES *soldats*, c'est-à-dire *une portion des soldats.*

Mais si ces noms sont précédés d'un adjectif, alors on supprime les articles composés, et on les remplace par la préposition DE :

Donnez-moi *de* bon pain.	J'ai mangé *de* bonne viande.
Nous avons bu *de* bon vin.	Voilà *de* braves soldats.

§ 305. REMARQUE.

Il arrive quelquefois que le substantif et l'adjectif sont tellement liés par le sens, qu'ils ne forment, pour ainsi dire, qu'un seul mot, comme *jeunes gens*, *grand homme* (homme remarquable par ses talents), *bon mot*, *vif-argent*, *petits pois*, *petit pâté*, *petit-maître*, *petite-maîtresse*, etc. Dans ce cas, ils prennent les articles composés *du*, *de le*, *de la*, *des*. Ainsi l'on dira : *Nous avons vu* DES *jeunes gens; le siècle de Louis XIV a produit* DES *grands hommes; vous avez dit* DES *bons mots.*

§ 306. TRÓISIÈME RÈGLE.

On supprime encore l'article, devant les noms communs, lorsqu'ils sont employés comme régime d'un *verbe actif accompagné d'une négation,* d'un *collectif partitif,* ou d'un *adverbe de quantité :*

Ne faites point D'*excuses ; ne dites point* DE *mensonges.*
Une armée DE *Gaulois, une troupe* DE *soldats.*
Combien D'*hommes, peu* DE *vin, beaucoup* D'*eau.*

Cependant on emploie l'article, si le nom commun est déterminé par ce qui suit, lors même qu'il est précédé d'un adjectif :

Ne faites point DES *excuses inutiles ; ne dites point* DES *mensonges honteux.*

N'avancez pas DES *choses que vous ne sauriez prouver.*

Cet homme n'est pas doué DES *rares vertus qu'il semblait promettre.*

Vous avez vu un grand nombre DES *villes que j'ai parcourues.*

As-tu conservé beaucoup DES *présents qui t'ont été faits ?*

On dit aussi : *La plupart* DES *royaumes, bien* DES *villes.*

§ 307. QUATRIÈME RÈGLE.

Lorsque deux adjectifs réunis par la conjonction *et* expriment des qualités ou des états opposés, on doit répéter l'article avant chaque adjectif :

LE *premier* ET LE *dernier appartement* (et non pas LE *premier* ET *dernier appartement*).

CHAPITRE III.

DE L'ADJECTIF.

I. — DE L'ADJECTIF EN GÉNÉRAL.

§ 308. ACCORD DE L'ADJECTIF AVEC LE MOT *gens*.

Le substantif *gens* veut au masculin l'adjectif qui le suit, et au féminin celui qui le précède. Cependant l'adjectif *tout* reste masculin, quand il est le seul qui précède le substantif *gens*, ou qu'il est joint à un adjectif qui n'a qu'une seule et même terminaison pour les deux genres :

Les VIEILLES *gens sont* SOUPÇONNEUX.
TOUTES *ces* BONNES *gens.*
Tous *les gens de bien.*
Tous *les* HONNÊTES *gens.*

§ 309. ACCORD DE L'ADJECTIF AVEC DEUX SUBSTANTIFS SYNONYMES.

Lorsque l'adjectif se rapporte à deux substantifs synonymes, c'est-à-dire qui ont à peu près la même signification, il s'accorde avec le dernier :

Un travail, une occupation CONTINUELLE.

§ 310. ACCORD DE L'ADJECTIF AVEC DEUX SUBSTANTIFS UNIS PAR *ou*.

Lorsque l'adjectif se rapporte à deux substantifs unis par la conjonction *ou*, il s'accorde encore avec le dernier :

Une récompense OU *un châtiment* MÉRITÉ.

§ 311. DES ADJECTIFS *demi, nu, excepté, supposé.*

Les adjectifs *demi, nu, excepté, supposé,* sont invariables, lorsqu'ils précèdent le substantif :

Une DEMI-*heure,* NU-*téte,* EXCEPTÉ *ces personnes,* SUP-POSÉ *ces choses.*

Mais on dit en faisant accorder :

Une heure et DEMIE, *téte* NUE, *ces personnes* EXCEPTÉES, *ces choses* SUPPOSÉES.

§ 312. DE L'ADJECTIF *feu.*

L'adjectif *feu* est invariable, lorsqu'il est séparé du substantif par l'article ou par un équivalent :

FEU *la reine,* FEU *ma mère.*

Mais il y a accord dans ces mots :

La FEUE *reine, ma* FEUE *mère.*

§ 313. DE L'ADJECTIF EMPLOYÉ ADVERBIALEMENT.

L'adjectif qui sert à qualifier un verbe, n'est rien autre chose qu'un adverbe, et il demeure invariable :

Ces enfants chantent JUSTE.
Vous marchez VITE.
Ces diamants coûtent CHER.

II. — ACCORD DE L'ADJECTIF AVEC LES NOMS COLLECTIFS.

§ 314. DÉFINITION DU NOM COLLECTIF.

On appelle nom *collectif* celui qui, quoiqu'au singulier, présente l'idée de plusieurs personnes ou de plusieurs choses.

Le collectif est *général* quand il représente une collection *générale;* il est *partitif* lorsqu'il représente une collection de *parties.* Le sens de la phrase et l'article particulièrement établissent la distinction de ces deux sortes de collectifs.

Collectifs généraux.	*Collectifs partitifs.*
La foule.	Une foule.
La multitude.	Une multitude.
Le peuple.	Une infinité.
L'armée.	Une troupe.
La flotte.	La plupart.

§ 315. **PREMIÈRE RÈGLE.**

L'adjectif et le verbe s'accordent toujours avec le collectif général :

L'armée des Français fut longtemps VICTORIEUSE.

§ 316. **SECONDE RÈGLE.**

L'adjectif et le verbe s'accordent toujours avec le substantif qui suit le collectif primitif, et jamais avec ce collectif :

Une infinité de gens SONT CURIEUX.
La plupart des enfants SONT LÉGERS.

III. — DES ADJECTIFS DÉTERMINATIFS.

§ 317. **DES ADJECTIFS NUMÉRAUX** *vingt, cent, mille.*

1°. Les adjectifs *vingt* et *cent* prennent *s* au pluriel, excepté lorsqu'ils sont suivis d'un autre adjectif de nombre, ou lorsqu'il s'agit de la date des années :

Quatre-vingts ans.	*Deux cents* lieues.
Quatre-vingt-dix ans.	*Deux cent dix* lieues.

2°. Pour la date des années, on écrit *mil* lorsque ce mot est placé avant deux ou plusieurs adjectifs numéraux (1) : partout ailleurs on écrit *mille* :

L'an MIL HUIT CENT. *L'an* MIL HUIT CENT VINGT.
L'an MILLE. *L'an* DEUX MILLE.

---

(1) L'usage d'écrire ainsi vient de ce qu'autrefois, lorsque le mot *mille* employé pour millième occupait la première place, on écrivait par abréviation *mil'*. Peu à peu on perdit l'habitude de mettre l'apostrophe ; mais on continua d'écrire *mil*.

3°. Les mots *vingt, cent* et *mille* sont quelquefois substantifs

Tous les VINGTS *du mois. Trois* CENTS *de paille.*
Deux MILLES *de laine. A deux* MILLES *de la ville.*

§ 318. DES ADJECTIFS DÉMONSTRATIFS *celui-ci, celui-là, ceci, cela.*

1°. *Celui-ci, celui-là* s'emploient de cette manière : *celui-ci* pour désigner la personne ou la chose dont on a parlé en dernier lieu ; *celui-là* pour désigner la personne ou la chose dont on a parlé en premier lieu :

Paul et Jules sont d'un caractère bien différent : CE-LUI-CI *ne s'applique jamais,* CELUI-LA *travaille toujours avec ardeur.*

2°. *Ceci* désigne une chose plus proche ; *cela* désigne une chose plus éloignée :

Je n'aime pas CECI*, donnez-moi* CELA*.*

§ 319. DES ADJECTIFS POSSESSIFS *son, sa, ses, leur, leurs.*

1°. Lorsqu'il est question de choses, il ne faut se servir de *son, sa, ses, leur, leurs,* qu'autant que le substantif auquel se rapporte l'idée de possession est exprimé dans la même proposition comme sujet :

La science a SES *avantages.*
Ces ouvrages ont LEURS *défauts.*

Dans ces deux propositions, les substantifs *science* et *ouvrages* sont les sujets des propositions où se trouvent les adjectifs possessifs *ses, leurs.* Les avantages de quoi? de *la science.* Les défauts de quoi? *des ouvrages.*

2°. Mais si le substantif auquel se rapporte l'idée de possession n'est pas le sujet de la proposition où figurent *son, sa, ses, leur, leurs,* on les remplace par l'article et le pronom *en :*

Recherchez la science : LES *avantages en sont précieux.*
Examinez ces ouvrages : LES *défauts* EN *sont grands.*

On ne doit donc pas dire :

Recherchez la science : ses *avantages sont précieux.*
Examinez ces ouvrages : leurs *défauts sont grands.*

3°. Cependant, quoique le substantif possesseur ne soit pas le sujet de la proposition où il se trouve, on se sert bien de *son, sa, ses, leur, leurs,* quand le substantif que ces adjectifs déterminent est régi par une préposition :

Paris est très-beau, j'admire la grandeur de ses *édifices.*

§ 320.   DE L'ADJECTIF RELATIF *qui.*

1°. *Qui* relatif est toujours de la même personne que son antécédent :

Moi QUI *ai vu; vous* QUI *avez vu; nous* QUI *avons vu.*

2°. *Qui,* précédé d'une préposition, ne se dit jamais des choses ni des animaux, mais seulement des personnes ou des choses personnifiées.

Ainsi ne dites pas :

Les ouvrages A QUI *je m'applique; le cheval* SUR QUI *vous étiez monté.*

Mais dites :

Les ouvrages AUXQUELS *je m'applique; le cheval* SUR LEQUEL *vous étiez monté.*

§ 321.   DE L'ADJECTIF INDÉFINI *quelque.*

1°. *Quelque,* suivi de *que,* est invariable devant un adjectif;
2°. Il est variable devant un substantif;
3°. Il forme deux mots devant un verbe, et le mot *quel* s'accorde avec le substantif qui suit, lors même que le verbe est précédé de son pronom :

QUELQUE *puissants que vous soyez.*
QUELQUES *talents que vous possédiez.*
QUELLES QUE *soient vos richesses.*
Vous devez respecter vos supérieurs, QUELS QU'*ils soient.*

On écrira cependant : QUELQUES *grands biens que vous possédiez.* Dans ce cas *quelque* s'accorde avec le substantif qui suit immédiatement l'adjectif.

§ 322.   DE L'ADJECTIF INDÉFINI *tout.*

L'adjectif *tout* devient adverbe devant un autre adjectif, et signifie *entièrement, quelque.* Cependant il reçoit par euphonie le genre et le nombre devant un adjectif féminin qui commence par une consonne ou une *h* aspirée (1) :

Ces hommes sont TOUT *autres qu'ils n'étaient.*
Ces femmes sont TOUT *autres qu'elles n'étaient.*
Cette pièce est TOUTE *nouvelle.*
Ces pièces sont TOUTES *nouvelles.*
Cette jeune personne est TOUTE *honteuse.*
Ces jeunes personnes sont TOUTES *honteuses.*

§ 323.   DE L'ADJECTIF INDÉFINI *même.*

1°. *Même* est adjectif lorsqu'il précède le substantif et lorsqu'il est placé après un pronom ou un seul substantif :

Nous avons les MÊMES *droits.*
Ils sont venus EUX-*mêmes.*
Les innocents MÊMES *furent sacrifiés.*

2°. *Même* est adverbe, lorsqu'il qualifie un verbe, ou qu'il est placé après deux ou plusieurs substantifs :

Aimons MÊME *nos ennemis.*
Les hommes, les enfants MÊME *doivent prier.*

§ 324.   DE L'ADJECTIF INDÉFINI *personne.*

Personne, employé comme adjectif, est du masculin; mais *personne,* employé comme substantif, est du féminin :

PERSONNE *n'est plus heureux que lui.*
Cette PERSONNE *est pieuse.*

---

(1) Dans ce cas il signifie *quelque, entièrement.* Mais quand il signifie *quelconque,* il s'accorde avec le substantif qui suit. Exemple : *Toute autre nation que la nation romaine,* c'est-à-dire *une autre* nation *quelconque.*

§ 325.   DE L'ADJECTIF INDÉFINI *on*.

1°. L'adjectif indéfini *on* est ordinairement du genre masculin :

On n'est pas toujours MAÎTRE *de soi-même.*

Mais il y a des circonstances qui déterminent tellement qu'on parle d'une femme, qu'alors le mot *on* est regardé comme féminin :

On n'est pas plus FOLLE *que Livie.*

2°. Après les monosyllabes *et, ou, si,* on fait précéder *on* de la lettre *l* avec une apostrophe :

On rit ici ET L'ON *y chante.*
Le port où L'ON *s'embarque.*
SI L'ON *sait;* SI L'ON *connaissait.*

Mais si le mot *on* est suivi d'un autre mot qui commence par la lettre *l,* alors on n'ajoute rien :

SI ON LE *sait;* SI ON L'*a vu.*
Voici l'endroit où ON LES *a pris.*

IV. — OBSERVATIONS.

§ 326.   COMPLÉMENT DES ADJECTIFS.

1°. Le même substantif ne peut servir de complément à deux adjectifs, qu'autant que ces adjectifs veulent après eux la même préposition.

Ainsi l'on ne peut pas dire :
Cet homme est UTILE *et* CHÉRI DE *sa famille.*
Mais on dira bien :
Cet homme est UTILE *et* CHER À *sa famille.*

Dans la première phrase, l'adjectif *utile* veut la préposition *à* et l'adjectif *chéri* veut la préposition *de;* mais dans la seconde, les deux adjectifs veulent également *à.*

Cependant, si l'on ne veut changer ni l'un ni l'autre des deux adjectifs, on peut rendre la phrase correcte en plaçant le substantif après le premier adjectif, et en donnant pour complément au second un des pronoms *en*, *y*, ou un autre pronom :

Cet homme est UTILE A *sa famille et* EN *est* CHÉRI.

Dans cette phrase, l'adjectif *utile* a pour complément le substantif *famille*, et l'adjectif *chéri* a pour complément le mot *en*.

2°. On distingue l'adjectif possessif *ses* de l'adjectif démonstratif *ces*, en ce que *ses* peut se tourner par *de lui*, *d'elle*, *d'eux*, *d'elles*, *de soi* (1) :

La puissance de Dieu se manifeste dans SES *œuvres.*
CES *vallées sont fertiles.*

CHAPITRE IV.

DU PRONOM.

§ 327.   DU PRONOM *vous.*

Vous, employé pour *tu*, veut le verbe au pluriel; mais l'adjectif qui suit le verbe reste au singulier :

Mon fils, VOUS SEREZ AIMÉ, *si vous* ÊTES AIMABLE.

§ 328.   DU PRONOM *le, la, les.*

1°. Le pronom *le, la, les* s'accorde en genre et en nombre avec son antécédent :

Êtes-vous le maître de cet enfant? R. *Oui, je* LE *suis,* c'est-à-dire *je suis le maître.*

Êtes-vous la maîtresse de Julie? R. *Oui, je* LA *suis,* c'est-à-dire *je suis la maîtresse.*

____

(1) L'adjectif démonstratif *ce* ne peut jamais se changer en *de soi*, ce qui empêche qu'on ne le confonde avec le pronom réfléchi *se*, qui signifie également *soi, à soi.*

Êtes-vous les généraux? R. Oui, nous LES *sommes,* c'est-à-dire *nous sommes les généraux.*

Êtes-vous les princesses? R. Oui, nous LES *sommes,* c'est-à-dire *nous sommes les princesses.*

2°. Mais le pronom *le* ne prend ni genre ni nombre, quand il rappelle l'idée d'un adjectif ou d'un substantif pris adjectivement, c'est-à-dire servant à qualifier une personne ou une chose, parce qu'alors il signifie *cela* :

Monsieur, êtes-vous marié? R. Oui, je LE *suis,* c'est-à-dire *je suis marié.*

Madame, êtes-vous malade? R. Oui, je LE *suis,* c'est-à-dire *je suis malade.*

Messieurs, êtes-vous ducs? R. Oui, nous LE *sommes,* c'est-à-dire *nous sommes ducs.*

Mesdames, êtes-vous mères? R. Oui, nous LE *sommes,* c'est-à-dire *nous sommes mères.*

3°. On observe la même règle avec un verbe. Ainsi l'on dira : *Nous devons nous entr'aider autant que nous* LE *pouvons.* Je mets *le,* parce que ce pronom rappelle l'idée du verbe *s'entr'aider.*

§ 329. DU PRONOM *leur.*

Leur, pronom de la troisième personne, ne prend jamais *s* devant un verbe. Il ne faut pas le confondre avec les adjectifs *leur, le leur,* qui sont nécessairement variables :

J'ai vu les généraux, et je LEUR *ai parlé.*

Les rois doivent faire régner la justice dans LEURS *États.*

Nous avons nos défauts, et ces hommes ont les LEURS.

§ 330. DU PRONOM RÉFLÉCHI *soi.*

Le pronom réfléchi *soi,* lorsqu'il se rapporte à des personnes, ne s'emploie qu'avec un sujet vague et indéterminé, comme *on, chacun, ce,* etc. :

On ne doit jamais parler de SOI *avec avantage.*

Chacun doit songer à SOI.

N'aimer que SOI, *c'est être mauvais citoyen.*

§ **331.** DES PRONOMS *en*, *y*.

Les pronoms *en*, *y* servent à remplacer les pronoms personnels *leur, lui, elle, eux, elles,* qui ne peuvent être employés comme compléments indirects que lorsqu'ils se rapportent à des personnes ou à des choses personnifiées.

Ainsi ne dites pas :

Ce chien est furieux, éloignez-vous de LUI.
Cet murs sont vieux, je LEUR *ferai donner un enduit.*
Cette rose a des épines, ne LUI *touchez pas.*

Mais dites :

Ce chien est furieux, éloignez-vous-en.
*Ces murs sont vieux, j'*Y *ferai donner un enduit.*
*Cette rose a des épines, n'*Y *touchez pas.*

CHAPITRE V.

DU VERBE.

I. — ACCORD DU VERBE.

§ **332.** SUJET COMPOSÉ DE DEUX MOTS UNIS PAR *et.*

Quand deux mots sont unis par la conjonction *et,* le verbe se met au pluriel, et l'adjectif qui suit prend le même nombre :

L'homme ET *l'animal* SONT DIFFÉRENTS.
L'un ET *l'autre* SONT AFFABLES.

§ **333.** SUJET COMPOSÉ DE DEUX MOTS UNIS PAR *ou.*

Quand deux mots sont unis par la conjonction *ou,* le

verbe se met au singulier, aussi bien que le nom et l'adjectif qui le suivent :

La mort ou *l'esclavage* EST NOTRE PARTAGE.
L'un ou *l'autre* EST MENTEUR.

§ 334. SUJET COMPOSÉ DE PLUSIEURS MOTS FORMANT GRADATION.

Quand après plusieurs noms pluriels il y a un mot qui réunit en lui le sens de tous ceux qui précèdent, ou qui a plus de force que les autres, le verbe se met au singulier, de même que l'adjectif qui suit :

Richesses, honneurs, amis, parents, tout DEVIENT INUTILE *à la mort.*

§ 335. SUJET COMPOSÉ DE MOTS LIÉS PAR LA CONJONCTION *ni.*

1°. Quand deux mots sont liés par la conjonction *ni* répétée, s'il n'y a qu'un sujet qui puisse faire l'action qu'exprime le verbe ou la recevoir, ce verbe et l'adjectif doivent se mettre au singulier :

NI *mon fils* NI *le vôtre ne* SERA DIGNE *du prix d'honneur.*

2°. Mais si les deux sujets font l'action en même temps ou la reçoivent sans exclusion, alors le verbe et l'adjectif se mettent au pluriel :

NI *l'or* NI *la grandeur ne nous* RENDENT HEUREUX.
NI *l'un ni l'autre n'*OBTIENDRA *cette place.*

§ 336. DU VERBE ÊTRE PRÉCÉDÉ DE *ce.*

L'adjectif démonstratif *ce,* placé avant le verbe *être,* ne veut ce verbe au pluriel, que quand il est suivi de la troisième personne plurielle :

C'EST *moi,* C'EST *toi,* C'EST *lui,* C'EST *elle;* C'EST *mon père qui m'a instruit;* C'EST *nous,* C'EST *vous.*
CE SONT *eux,* CE SONT *elles;* CE SONT *nos prédécesseurs qui ont fondé cet établissement.*

II. — COMPLÉMENT DU VERBE.

§ 337.   OBSERVATIONS.

1°. Un nom ne peut servir de complément à deux verbes, qu'autant que ces verbes veulent le même complément.

Ainsi ne dites pas :

Cè général attaqua et se rendit maître DE *là villé.*

Mais dites :

Ce général attaqua et prit la ville.

Dans la première phrase, le verbe *attaquer* ne peut être suivi de la préposition *de.*

Cependant, si l'on veut conserver les deux verbes, on peut rendre la phrase correcte en plaçant le nom après le premier verbe, et en donnant pour complément au second verbe un des pronoms *en*, *y*, etc. (*Voir* § 326).

Ce général attaqua la ville, *et* s'EN *rendit maître.*

2°. On met un trait d'union entre le verbe et son complément, lorsque ce complément est un pronom (*Voir* § 224).

III. — PLACE DU SUJET.

§ 338.   PREMIÈRE RÈGLE.

Le sujet, soit substantif, soit pronom, se place après le verbe, lorsque la phrase est interrogative. Alors, on met un trait d'union entre les deux mots, si le second est un pronom (*Voir* § 224) :

Que faisait ALEXANDRE *après la victoire ?*
*Étudierai-*JE *ma leçon ?*
*Viendras-*TU *nous voir ?*
*Cet enfant est-*IL *sage ?*
*Avez-*VOUS *acheté une maison de campagne ?*

L'usage ne permet pas toujours cette manière d'interroger à la première personne, parce que la prononciation en serait rude et désagréable.

Ainsi ne dites pas :

Cours-je? mens-je? dors-je? sors-je? etc.

Mais dites, en prenant une autre tournure : *Est-ce que je cours? est-ce que je mens? est-ce que je dors?* etc.

§ 339.   **SECONDE RÈGLE.**

Le sujet se met encore après le verbe : 1° quand on rapporte les paroles de quelqu'un; 2° après *tel, ainsi;* 3° après les verbes unipersonnels :

Quel est donc votre père que vous cherchez, reprit LA DÉESSE? — *Il se nomme Ulysse, dit* TÉLÉMAQUE.

Tel est MON SENTIMENT; *ainsi mourut* VOTRE PÈRE.

Il est tombé UNE GRÊLE EFFROYABLE.

IV. — EMPLOI DES AUXILIAIRES.

§ 340.   **PREMIÈRE RÈGLE.**

Le verbe *avoir* marque l'action; le verbe *être* marque l'état :

J'ai aimé; je suis aimé.
J'ai dormi; je suis resté.

Cependant plusieurs verbes neutres se conjuguent avec l'auxiliaire *être*, quoiqu'ils expriment l'action, parce que l'usage le veut ainsi.

Ces verbes sont : *Aller, tomber, arriver, mourir, venir, choir.* Ils sont également susceptibles d'exprimer l'état.

§ 341.   **SECONDE RÈGLE.**

Les verbes neutres qui prennent les deux auxiliaires se conjuguent avec *avoir*, soit qu'ils aient un complément, soit qu'ils n'en aient point, toutes les fois qu'ils expriment une action.

Mais ils se conjuguent avec *être* toutes les fois qu'ils

marquent l'état du sujet relativement à cette action (1) :

> *Ce fusil* A *parti trop tôt ; notre ami* EST *parti.*
> *Le général* A *passé par la ville ; l'été* EST *passé.*
> *Ces arbres* ONT *fleuri ; ils ne* SONT *plus fleuris.*
> *La fièvre* A *cessé hier ; elle* EST *cessée entièrement.*
> *La cloche* A *sonné ; l'heure* EST *sonnée.*
> *Nous avons* MONTÉ *au haut de cette tour, et nous en* SOMMES *descendus depuis une heure.*
> *Ce poids* AVAIT *descendu pendant la nuit ; il* EST *remonté depuis quelques instants.*

V. — EMPLOI DES TEMPS DE L'INDICATIF ET DU CONDITIONNEL.

§ 342. DE L'IMPARFAIT ET DU PLUS-QUE-PARFAIT.

1°. L'imparfait ne doit pas s'employer pour une action qui a lieu à l'instant même où l'on parle.

On ne dira donc pas :

> *J'ai appris que vous étiez malade,*

si la personne l'est encore.

On ne dira pas non plus :

> *La Fontaine a dit que le savoir* AVAIT *son prix ;*

car la chose est vraie à l'instant où l'on parle, puisqu'elle l'est dans tous les temps.

Il faut dire :

> *J'ai appris que vous* ÊTES *malade.*
> *La Fontaine a dit que le savoir* A *son prix.*

2°. Le plus-que-parfait ne doit pas s'employer pour le passé.

Ne dites donc pas :

> *J'ai su que vous* AVIEZ REMPORTÉ *des succès.*

Mais dites :

> *J'ai su que vous* AVEZ REMPORTÉ *des succès.*

---

(1) Plusieurs de ces verbes s'emploient quelquefois à l'actif. Dans ce cas, ils ont un complément direct, et prennent l'auxiliaire *avoir*, comme les verbes actifs. Exemples : *Il* A *monté et il* A *descendu l'escalier. Il m'*A *sorti d'un mauvais pas. Nous* AVONS *passé la nuit à travailler.*

§ 343. DU PARFAIT DÉFINI ET DU PARFAIT INDÉFINI.

1°. On ne doit se servir du *parfait défini* qu'en parlant d'un temps entièrement écoulé.

Ainsi l'on ne dit pas :

JE TRAVAILLAI *aujourd'hui, cette semaine, cette année.*

Le jour, la semaine, l'année ne sont pas encore passés au moment où vous parlez.

On ne dit pas non plus :

JE TRAVAILLAI *ce matin.*

Il faut, pour le *parfait défini*, qu'il y ait au moins l'intervalle d'un jour entre le moment où l'on parle et celui où l'action a eu lieu.

Mais on dit bien :

JE TRAVAILLAI *hier, la semaine dernière, l'an passé,* etc.

2°. Le *parfait indéfini* s'emploie indifféremment pour un temps passé, soit qu'il en reste encore une partie à s'écouler, soit qu'il n'en reste plus rien. On dit bien :

J'AI TRAVAILLÉ *ce matin,* J'AI TRAVAILLÉ *hier,* J'AI TRAVAILLÉ *cette semaine,* J'AI TRAVAILLÉ *la semaine passée,* etc.

§ 344. DU PRÉSENT ET DU PASSÉ DU CONDITIONNEL.

1°. Le présent du conditionnel ne doit pas s'employer pour le futur de l'indicatif.

C'est donc une faute que de dire :

Vous m'avez fait savoir que vous PARTIRIEZ *bientôt.*

On doit dire :

Vous m'avez fait savoir que vous PARTIREZ *bientôt.*

2°. Le passé du même mode ne doit pas non plus s'employer pour le futur antérieur.

Il ne faut donc pas dire :

J'avais prévu que vous AURIEZ RÉUSSI.

Mais on dira :

J'avais prévu que vous RÉUSSIRIEZ.

VI. — EMPLOI DU SUBJONCTIF.

§ 345.   **OBSERVATIONS.**

Nous avons vu (§ 289) quelles sont les conjonctions qui veulent ce subjonctif. On l'emploie encore :

1°. Après un verbe accompagné d'une négation ou qui exprime une interrogation :

Je ne pense pas qu'il FASSE *beau.*
Pensez-vous qu'il PLEUVE ?

2°. Après un *qui* relatif ou l'adverbe *où*, lorsque le verbe suivant exprime quelque chose de douteux, d'incertain :

Cherchez un ami qui vous AVERTISSE *de vos fautes.*
Enseignez-moi un lieu où je PUISSE *me reposer.*

3°. Après quelque.... que, quelque, quoi que. :

Quelque puissants qu'ils SOIENT.....
Quel que SOIT *votre zèle.*
Quoi que vous FASSIEZ....

VII. — CONCORDANCE DES TEMPS DU SUBJONCTIF AVEC CEUX DE L'INDICATIF ET DU CONDITIONNEL.

§ 346.   **PREMIÈRE RÈGLE.**

Si le premier verbe est au présent ou au futur de l'indicatif, mettez le second verbe au *présent* du subjonctif, pour exprimer un présent ou un futur, relativement au premier verbe :

Il importe
Il importera   } que vous *lisiez* maintenant, demain.

Mais si l'on veut exprimer un passé, on met le *parfait* du subjonctif :

§ 347. SECONDE RÈGLE.

Je ne crois pas
Je ne croirai pas } que vous *soyez venu* hier (1).

Si le premier verbe est à l'un des parfaits ou des conditionnels, mettez le second verbe à l'*imparfait du subjonctif*, pour exprimer un présent ou un futur, relativement au premier verbe :

Il importait
Il importa
Il a importé
Il avait importé } que vous *lussiez* maintenant, demain (2).
Il eut importé
Il importerait
Il aurait importé

Mais si l'on veut exprimer un passé, on met le second verbe au *plus-que-parfait* du subjonctif :

Je ne croyais pas
Je ne crus pas
Je n'ai pas cru
Je n'avais pas cru } que vous *fussiez* venu hier.
Je n'eus pas cru
Je ne croirais pas
Je n'aurais pas cru

VIII. — IMPÉRATIF.

§ 348. DES LETTRES EUPHONIQUES.

L'impératif *va* prend *s* quand il est suivi du pronom relatif *y*, comme VAS-*y*. Mais s'il se trouve un verbe après *y*, il faut écrire *va* sans *s* : VA *y porter remède*.

On écrit *va-t'en* avec un seul trait d'union et une

---

(1) Si le verbe est accompagné d'une expression conditionnelle, on emploie l'*imparfait* du subjonctif au lieu du présent, et le *plus-que-parfait* au lieu du parfait : *Je doute, je douterai qu'il* VÎNT *maintenant, demain, si vous ne l'alliez pas chercher. Je doute, je douterai qu'il* FUT VENU *hier, si vous ne l'eussiez pas été chercher.*

(2) Cependant on doit laisser le verbe au présent quand il exprime un état ou une action qui dure encore. Exemples : *Je ne pensais pas que vous* SOYEZ *malade. Les anciens n'ont pas su que la terre* TOURNE.

apostrophe, parce que ce n'est point ici le *t* euphonique, mais bien le pronom *te*, dont la dernière lettre se retranche devant une voyelle ; car on écrit au pluriel : *Allez-vous-en* (*Voir* § 224).

Dans les verbes de la première conjugaison, la deuxième personne singulière de l'impératif prend *s* à la fin, quand cette personne est suivie des pronoms *en*, *y* : Donnes-*en à ton frère ;* portes-*y du secours.*

Mais il ne faut pas confondre la préposition *en* avec le pronom *en*. Si ce mot est préposition, on écrira sans *s* : Donne *en ce moment des preuves de ton savoir ;* parle *en maître.*

On ajoute encore *s* à la même personne des verbes qui, sans être de la première conjugaison, ont le présent de l'indicatif terminé par un *e* muet : Ouvres-*en la porte ;* souffres-*en la peine.*

IX. — INFINITIF.

§ 349.   **OBSERVATION.**

Le verbe est à *l'infinitif* lorsqu'il est précédé d'un autre verbe ou d'une préposition :

Vous devez étudier.
Nous sommes prêts à partir.
Il vient de pleuvoir.

Comme l'infinitif n'a point de sujet, il est facile à reconnaître en ce qu'il n'est jamais précédé ni d'un pronom ni d'un substantif.

§ 350. **DE L'INFINITIF EMPLOYÉ COMME SUJET.**

1°. On trouve des exemples où l'infinitif est lui-même sujet de la phrase :

Manger, boire *et* dormir, *c'est l'unique occupation de bien des gens.*

Aimer *Dieu et le* servir, *c'est le premier devoir du chrétien.*

L'emploi du pronom *ce* est indispensable dans ces sortes de phrases, parce que les infinitifs n'ayant pas de nombre par eux-mêmes ne pourraient régir le verbe au pluriel, lorsqu'ils sont employés comme sujet : alors le verbe s'accorde avec le pronom *ce*, et reste au singulier. Mais lorsqu'il n'y a qu'un infinitif, le pronom *ce* n'est pas nécessaire.

2°. L'infinitif est encore regardé comme sujet dans les phrases suivantes :

C'est un péché que de MENTIR; *ce serait être injuste que de* VOULOIR *nuire impunément;* car c'est comme si l'on disait : MENTIR *est un péché;* VOULOIR *nuire impunément serait être injuste.*

On voit que le pronom *ce* et la conjonction *que* ne servent qu'à donner de la force et de l'harmonie à la phrase. Cependant la conjonction *que* y est indispensable, et toutes les phrases de cette nature l'exigent de même.

X. — REMARQUES SUR LE VERBE *AVOIR*.

§ 351. DES TROISIÈMES PERSONNES *a, ont.*

1°. La troisième personne du singulier du présent de l'indicatif du verbe *avoir*, actif ou auxiliaire, ne prend pas l'accent grave; c'est ce qui la distingue de la préposition *à*.

2°. La troisième personne du pluriel du même temps est toujours précédée d'un sujet, au lieu que l'adjectif indéfini *on* est lui-même sujet d'un verbe.

CHAPITRE VI.

DU PARTICIPE.

I. — DU PARTICIPE PASSÉ CONJUGUÉ AVEC *ÊTRE*.

§ 352. RÈGLE GÉNÉRALE.

Le participe passé, quand il est accompagné du verbe

auxiliaire *être*, s'accorde en genre et en nombre avec son sujet.

MASCULIN.	FÉMININ.
Mon frère a été *loué*.	Ma sœur a été *louée*.
Mes frères ont été *loués*.	Mes sœurs ont été *louées*.
Mon père est *arrivé*.	Ma mère est *arrivée*.
Mes cousins sont *entrés*.	Mes cousines sont *entrées*.

II. — DU PARTICIPE PASSÉ CONJUGUÉ AVEC *AVOIR*.

§ 353. RÈGLES GÉNÉRALES.

1°. Le participe passé, accompagné du verbe auxiliaire *avoir*, ne s'accorde point avec son sujet :

Mon père a *écrit* une lettre.	Ma mère a *écrit* une lettre.
Mes frères ont *écrit* une lettre.	Mes sœurs ont *écrit* une lettre.

2°. Le participe passé ne s'accorde pas non plus avec son régime direct, lorsque ce complément est placé après le participe :

Vous avez *acheté* un livre.	J'ai *écrit* une lettre.
Vous avez *acheté* des livres.	J'ai *écrit* des lettres.

3°. Mais le participe passé s'accorde avec son complément direct, quand ce régime précède le participe :

La lettre QUE *vous avez* ÉCRITE, *je* L'*ai* LUE.
Les livres QUE *j'avais* PRÊTÉS, *on* LES *a* RENDUS.
QUELLE AFFAIRE *avez-vous* ENTREPRISE?
QUELS ENNEMIS *n'a-t-il pas* VAINCUS?

On voit que le complément placé avant le participe est ordinairement un des pronoms *que*, ou *le*, *la*, *les*.

§ 354. PREMIÈRE REMARQUE.

Le participe passé des verbes réfléchis ne s'accorde avec les pronoms *me*, *te*, *se*, *nous*, *vous*, que quand ils sont compléments directs, attendu que, dans ces verbes, l'auxiliaire *être* est employé pour *avoir*:

Mon frère s'est blessé.   *Ma sœur s'est blessée.*
Mes frères se sont blessés;   *Mes sœurs se sont blessées..*

Dans ces exemples, le pronom *se* est complément direct; car, en mettant le verbe *avoir* à la place du verbe *être*, on aurait :

Mon frère a BLESSÉ SOI. *Ma sœur a* BLESSÉ SOI, etc. *Soi* est complément direct.

Cet homme s'est MIS *des chimères dans la tête.*
Cette femme s'est MIS *des chimères dans la tête.*
Ces hommes se sont DIT *des injures.*
Ces femmes se sont DIT *des injures..*

Dans ces exemples, le pronom *se* est complément indirect; car, en mettant le verbe *avoir* à la place du verbe *être*, on aurait :

Cette femme a mis à soi. *Ces hommes ont dit* à soi, etc. *A soi* est complément indirect.

Mais il ne suffit pas de savoir que le pronom *se* est complément indirect, il faut encore observer s'il n'y a point avant le participe un complément direct avec lequel il puisse s'accorder :

Les chimères QUE *cet homme s'est* MISES *dans la tête.*
Les chimères QUE *cette femme s'est* MISES *dans la tête.*
Les injures QUE *ces hommes se sont* DITES.
Les injures QUE *ces femmes se sont* DITES..

Dans ces exemples, *se* n'est point complément direct; car, en mettant le verbe *avoir* à la place du verbe *être*, on aurait :

Les chimères QUE *cette femme a* MISES *dans la tête* A SOI.
Les injures QUE *ces hommes ont* DITES A SOI.

A soi est complément indirect; ce n'est donc point avec ce pronom que s'accordent les participes *mises, dites,* mais c'est avec le mot *que.*

§ 355.   DEUXIÈME REMARQUE.

Le participe passé suivi d'un verbe à l'infinitif peut être susceptible d'accord avec le complément direct qui précède, et ne l'être pas : car ce complément appartient tantôt au verbe à l'infinitif, tantôt au participe.

Pour connaître si le complément est celui du participe, il suffit de le placer après, et de changer l'infinitif qui suit en participe présent :

Les enfants QUE *j'ai* ENTENDUS *chanter.*
Les cantiques QUE *j'ai* ENTENDU *chanter.*

Dans le premier exemple, on peut mettre immédiatement après le participe le complément direct, et dire, en changeant l'infinitif suivant en participe présent :

J'ai entendu LESQUELS *enfants* CHANTANT.

Donc le complément appartient au participe, et il y a accord.

Dans le second, on ne peut pas faire le même changement, et dire :

J'ai entendu LESQUELS *cantiques* CHANTANT (1).

Donc le complément appartient au verbe qui est à l'infinitif, et il n'y a pas d'accord.

§ 356. TROISIÈME REMARQUE.

Le participe passé, joint à un verbe à l'infinitif par une préposition, ne s'accorde de même avec le complément direct qui précède, que quand on peut mettre ce complément immédiatement après le participe :

Les modèles QUE *je vous ai* DONNÉS *à imiter*....
Les exemples QUE *je vous ai* PRESCRIT *de suivre*....

Mais il arrive quelquefois qu'outre le *que* relatif il se trouve énoncé précédemment un pronom avec lequel s'accorde le participe :

La route QUE *nous vous avons* ENGAGÉS *à suivre*....

Il peut encore arriver que le verbe à l'infinitif, employé avec un des auxiliaires, s'accorde avec le *que* relatif, et que, de cette manière les deux participes s'accordent à la fois :

____

(1) L'infinif est quelquefois sous-entendu, comme dans cette phrase : *Je lui ai accordé toutes les récompenses que j'ai* DU, PU, VOULU (sous-entendu *lui accorder*).

Les conseils QUE *vous* VOUS *êtes* REPENTIS *d'avoir* DON-
NÉS....

§ 357.   QUATRIÈME REMARQUE.

Le participe passé entre deux *que* est presque toujours
invariable :

Les reproches QUE *j'avais* PRÉVU QU'*on me ferait....*
Les sciences QUE *j'ai* SU QUE *vous étudiez.*

Dans ces deux exemples, le *que* qui précède le participe est le complément du second verbe.

§ 358.   CINQUIÈME REMARQUE.

1°. Le participe *fait*, suivi d'un verbe à l'infinitif, est
invariable, parce que ce participe et l'infinitif qui suit
ne forment qu'un sens, et qu'ils sont inséparables.

Or, le complément doit appartenir aux deux verbes
compléments, et non à *fait*, ni à l'infinitif en particulier :

Les maisons QUE *vous avez* FAIT *construire.*
Les arbres QUE *j'ai* FAIT *planter.*
La vigne QUE *mon père a* FAIT *arracher.*
Les terres QUE *nous avons* FAIT *défricher.*
Les fruits QUE *la grêle a* FAIT *tomber.*
Les infortunés QUE *le vainqueur a* FAIT *punir.*

2°. Quant au participe *laissé*, plusieurs grammairiens
le regardent comme invariable; mais il vaut mieux le
faire accorder suivant la deuxième remarque, toutes les
fois que le complément direct peut être placé après le
participe, avec le changement de l'infinitif en participe
présent :

Les enfants QUE *j'ai* LAISSÉS *chanter.*
Les personnes QUE *j'ai* LAISSÉES *lire.*
Les ouvriers QUE *j'ai* LAISSÉS *travailler.*
Mes amis QUE *j'ai* LAISSÉS *partir.*
Nous NOUS *sommes* LAISSÉ *séduire.*
Vous VOUS *êtes* LAISSÉ *entraîner.*

§ 359. SIXIÈME REMARQUE.

Le participe passé précédé du mot *en* est invariable, à moins qu'il ne se trouve un complément direct avant ce participe ; car le mot *en* est mis pour *de lui, d'elle,* etc., et est toujours employé comme complément indirect :

Vous avez des richesses, votre père ne vous EN *a pas* LAISSÉ.

Ne perdez pas de vue les leçons QUE *vous* EN *avez* RE-ÇUES.

Dans le deuxième exemple, le participe est variable, parce qu'il est précédé de son complément direct *que,* au lieu que dans le premier il ne l'est pas.

§ 360. SEPTIÈME REMARQUE.

Le participe passé précédé de la lettre *l* avec une apostrophe, mérite quelque attention. Si c'est le pronom *le* signifiant *lui* ou *cela,* le participe se met au masculin, mais si c'est le pronom *la,* signifiant *elle,* le participe se met au féminin :

Cette histoire est plus intéressante que nous ne L'*avions* CRU.

Ma sœur est tout autre que je ne L'*ai* VUE.

Dans le premier exemple, c'est *le* pour *cela ;* car au pluriel on dirait également : *Ces histoires sont plus in-téressantes que nous ne* L'*avions* CRU, c'est-à-dire *que nous n'avions cru* CELA.

Dans le deuxième, c'est *la* pour *elle ;* car au pluriel on peut dire : *Mes sœurs sont tout autres que je ne* LES *ai* VUES, c'est-à-dire *que je n'ai vu elles.*

§ 361. HUITIÈME REMARQUE.

Le participe passé des verbes unipersonnels *il a fait, il y a eu,* demeure invariable :

Les vents qu'il a FAIT *cet hiver ont excité les tempêtes qu'il y a* EU *dans plusieurs contrées.*

§ 362. NEUVIÈME REMARQUE.

Le participe passé des verbes neutres n'est point susceptible d'accord, puisque les verbes neutres n'ont point de complément direct (1).

Comptez les années que vous avez VÉCU.
J'ignore quelle somme cette maison a COUTÉ.
Vous connaissez les divers prix QU'A VALU *cette étoffe depuis un an.*

Le verbe *coûter* est toujours neutre; mais le verbe *valoir* est tantôt neutre et tantôt actif :

Combien d'éloges nous a VALUS *notre dévouement.*

Le participe passé des verbes réfléchis formés de verbes neutres est toujours invariable :

Ils se sont PLU *à l'instruire.*
Vous vous êtes NUI *par votre négligence.*

§ 363. DIXIÈME REMARQUE.

1°. Le participe passé des verbes actifs et celui des verbes réfléchis s'accorde avec le mot qui se rapporte au collectif général :

La foule des citoyens s'est PORTÉE *à sa rencontre.*

Mais il s'accorde avec le mot qui se rapporte au substantif pluriel qui suit le collectif partitif :

Une troupe de voleurs SE *sont* INTRODUITS *dans la maison.*

2°. Lorsque *peu* signifie *petite quantité,* le participe passé s'accorde avec le nom pluriel qui suit :

Le peu d'amis QUE *cet homme s'est* FAITS (*et non pas* FAIT).
Le peu d'ouvrages QUE *cet auteur a* COMPOSÉS (*et non pas* COMPOSÉ).

---

(1) Mais un grand nombre de verbes neutres s'emploient aussi activement, et alors ils suivent la règle des verbes actifs.

Mais il ne s'accorde pas avec ce nom, lorsque *peu* signifie *manque, privation :*

Le peu de valeur que ces soldats ont MONTRÉ (et non pas MONTRÉE).

Le peu d'estime que vous vous êtes ATTIRÉ (et non pas ATTIRÉE).

CHAPITRE VII.

DE L'ADVERBE.

§ 364.   DESSUS, DESSOUS, DEDANS, DEHORS.

Dessus, dessous, dedans, dehors, sont des adverbes, et conséquemment ne veulent pas de complément.

Ainsi ne dites pas :

DESSUS *la table,* DESSOUS *la voûte;*

Mais dites, avec les prépositions correspondantes ·

SUR *la table,* SOUS *la voûte.*

§ 365.   ALENTOUR, AUPARAVANT, DAVANTAGE.

1°. *Alentour, auparavant, davantage* ne veulent pas non plus de complément.

Ne dites donc pas :

Alentour de, auparavant que, davantage de, davantage que;

Dites :

Autour de, avant que, plus de, plus que.

2°. *Davantage* ne doit pas s'employer dans le sens de *le plus.*

Au lieu de dire :

De tous ces livres, celui-ci me plaît DAVANTAGE;

Dites :

De tous ces livres, celui-ci me plaît LE PLUS.

§ 366.   PLUS, MOINS, MIEUX.

Plus, moins, mieux répétés ne doivent point être unis par *et.*

Ainsi dites :

PLUS *il est savant,* PLUS *il est modeste.*

Et non :

PLUS *il est savant, et* PLUS *il est modeste.*

§ 367.   PLUS TÔT, PLUTÔT.

1°. *Plus tôt* a pour opposé *plus tard ;* il exprime une circonstance de temps :

Nous partîmes PLUS TÔT.

2°. *Plutôt* exprime la préférence :

De ces deux routes, suivez PLUTÔT *celle-ci.*

§ 368.   DE SUITE, TOUT DE SUITE.

1°. *De suite* signifie *l'un après l'autre, sans interruption :*

Il ne saurait dire deux mots DE SUITE.
On nous fait marcher DE SUITE.

2°. *Tout de suite* signifie *sur-le-champ :*

Il faut que les enfants obéissent TOUT DE SUITE.

§ 369.   TOUT A COUP, TOUT D'UN COUP.

1°. *Tout à coup* signifie *subitement, en un moment :*
Un orage éclata TOUT A COUP.

2°. *Tout d'un coup* signifie *en une seule fois :*
Il gagna mille écus TOUT D'UN COUP.

CHAPITRE VIII.

DE LA PRÉPOSITION.

§ 370.   A TRAVERS, AU TRAVERS.

A travers rejette *de ; au travers* le demande :

A TRAVERS *les ennemis.*
AU TRAVERS *du corps.*

§ 371.   PRÈS DE, PRÊT A, AUPRÈS DE.

1°. Il ne faut pas confondre la préposition *près de*, qui signifie *sur le point de*, avec l'adjectif *prêt à*, qui signifie *disposé à.*

On ne dit pas :

Il est PRÊT A *tomber; il est* PRÊT A *se noyer.*

Mais on dit :

Il est PRÈS DE *tomber; il est* PRÈS DE *se noyer.*

2°. *Près de* éveille une idée de proximité :

Ce village est situé PRÈS DE *Paris.*

Auprès de éveille une idée d'assiduité :

Les enfants aiment à être AUPRÈS DE *leur mère.*

§ 372.   ENTRE, PARMI.

1°. *Entre* s'emploie le plus souvent avec deux noms ou deux pronoms :

ENTRE *les Français et les Anglais.*
ENTRE *vous et nous.*

2°. *Parmi* ne s'emploie qu'avec un pluriel indéfini ou un singulier collectif :

PARMI *les gens de bien.*
PARMI *la foule.*

§ 373. VOICI, VOILA.

Voici a rapport à ce qui suit ; *voilà*, à ce qui précède :
VOICI *ce que j'ai à vous dire.*
VOILA *ce que j'avais à vous dire.*

CHAPITRE IX.

DE LA CONJONCTION.

§ 374. ET, NI.

1°. *Et*, *ni*, servent également à lier les propositions ; mais avec cette différence que *et* ne se met qu'après une proposition affirmative, *ni* après une proposition négative :

Il est venu, ET *il est reparti.*
Je n'aime pas les paresseux, NI *les orgueilleux.*

Il est plus élégant de supprimer *pas* et *point*, et de répéter *ni* :

Je n'aime NI *les paresseux*, NI *les orgueilleux.*

2°. *Et* précède *sans*; *ni* le remplace :

SANS *crainte* ET SANS *pudeur.*
SANS *crainte* NI *pudeur.*

§ 375. PARCE QUE, PAR CE QUE.

1°. *Parce que*, en deux mots, signifie *attendu que* :

Je vous aime, PARCE QUE *vous êtes bon.*

2°. *Par ce que*, en trois mots, veut dire *par la chose* ou *par les choses que* :

PAR CE QUE *vous faites, je vois ce que vous pensez.*

§ 376. QUAND, QUANT A.

1°. *Quand,* conjonction, signifie *lorsque, à quelle époque :*

Venez QUAND *vous voudrez.*
QUAND *partirons-nous ?*

2°. *Quant à,* préposition, veut dire *à l'égard de :*
QUANT A *moi, j'y consens.*

§ 377. QUOIQUE, QUOI QUE.

1°. *Quoique,* en un mot, signifie *bien que :*
Il étudie, QUOIQU'IL *soit savant.*

2°. *Quoi que,* en deux mots, veut dire *quelque chose que :*
QUOI QUE *vous fassiez, pensez à Dieu.*

§ 378. QUE.

Que se met au lieu de *qui* après un complément indirect, pour éviter le double emploi des prépositions.
Ainsi il faut dire :

C'est en Dieu que nous devons mettre notre confiance,
et non pas EN QUI....
C'est à vous-même QUE *je veux* parler, et non pas
A QUI....

Dans ces sortes de phrases, QUE n'est point *relatif,*
mais *conjonctif adjectif.* En effet, dans la première
phrase, il lie *nous devons mettre notre confiance* à la première idée *c'est en Dieu ;* dans la deuxième phrase, il lie
je veux parler à la première idée *c'est à vous-même*

CHAPITRE X.

DE LA PONCTUATION.

§ 379.   **DE LA VIRGULE.**

1°. La virgule (,) se met entre les mots de même espèce qui se suivent :

Le courage, la clémence, la grandeur d'âme sont les vertus des héros.

Les enfants doivent être doux, honnêtes, prévenants.

2°. La virgule sert encore à distinguer les différentes parties d'une phrase :

Aimez vos parents, et secourez-les dans leur vieillesse.

Nous devons non-seulement fuir le mal, mais encore faire le bien.

3°. La virgule se met avant et après une proposition incidente *explicative :*

La vertu, qui est un trésor, fait mon bonheur.

§ 380.   **DU POINT AVEC LA VIRGULE.**

Le *point avec la virgule* (;) se met entre deux phrases dont l'une dépend de l'autre :

La douceur est à la vérité une vertu ; mais elle ne doit pas dégénérer en faiblesse.

Il ne se faut jamais moquer des misérables ;
Car qui peut s'assurer d'être toujours heureux.

§ 381.   **DES DEUX POINTS.**

1°. Les *deux points* (:) se mettent après une phrase

finie, mais suivie d'un autre qui sert à l'étendre ou à l'éclaircir :

> Il faut, autant qu'on peut, obliger tout le monde :
> On a souvent besoin d'un plus petit que soi.

2°. On se sert encore des deux points quand on passe à un discours direct qu'on rapporte :

Alors Narbal me dit : Vous voyez, Télémaque, la puissance des Phéniciens.

§ 382.   DU POINT.

Le *point* (.) se met à la fin des phrases, quand le sens est entièrement fini :

La méfiance est mère de la sûreté.
Le mensonge est le plus bas de tous les vices.

§ 383.   DU POINT D'INTERROGATION.

Le *point d'interrogation* (?) se met à la fin des phrases, quand on interroge :

Qui a composé cet ouvrage?
Où avez-vous acheté ce diamant?

§ 384. DU POINT D'ADMIRATION OU D'EXCLAMATION.

Le *point d'admiration* ou *d'exclamation* (!) se met à la fin des phrases qui expriment quelques mouvements subits de l'âme, ou après une interjection :

> Qu'il est doux de servir le Seigneur !
>   O douce paix !
>   O lumière éternelle !
>   Beauté toujours nouvelle !
> Heureux le cœur épris de tes attraits !
>   O douce paix !
>   O lumière éternelle !
> Heureux le cœur qui ne te perd jamais!

LIVRE TROISIÈME.

ANALYSE.

CHAPITRE I.

ANALYSE GRAMMATICALE.

§ 385. PREMIER MODÈLE (1).

Dieu bon. *Le roi* juste.

Dieu	Nom ou substantif masculin singulier. Je dis *nom* ou *substantif* ou parce que le mot *Dieu* sert à nommer un être. Je dis masculin, parce qu'on dit *le* Dieu, et non pas *la* Dieu. Je dis *singulier*, parce qu'on parle d'un seul Dieu, et non de plusieurs.
bon.	Adjectif masculin singulier qualifiant *Dieu.* Je dis *adjectif*, parce que le mot *bon* attribue à *Dieu* la qualité de bonté. Je dis *masculin*, parce que le mot *Dieu*, auquel se rapporte *bon*, est au masculin. Je dis *singulier*, parce que le mot *Dieu* est au singulier.
Le	Article masculin singulier, qui s'accorde avec *roi*, et le détermine.
roi	Substantif masculin singulier.
juste.	Adjectif masculin singulier qualifiant *roi*

(1) Tous les modèles d'analyse grammaticale sont destinés à être appris par cœur.

§ 386.   DEUXIÈME MODÈLE.

Le père et le fils sages. Le livre et le canif utiles.

Le	Article masculin singulier, qui s'accorde avec *père*, et le détermine.
père	Substantif masculin singulier.
et	Conjonction.
le	Article masculin singulier, qui s'accorde avec *fils*, et le détermine.
fils	Substantif masculin singulier.
sages.	Adjectif masculin pluriel, qualifiant *père* et *fils ;* au pluriel, parce que deux singuliers valent un pluriel.
Le	Article masculin singulier, qui s'accorde avec *livre*, et le détermine.
livre	Substantif masculin singulier.
et.	Conjonction.
le	Article masculin singulier, qui s'accorde avec *canif,* et le détermine.
canif	Substantif masculin singulier.
utiles.	Adjectif masculin pluriel, qualifiant les deux substantifs *livre* et *canif ;* au pluriel, parce que deux singuliers valent un pluriel.

§ 387.   TROISIÈME MODÈLE.

Le frère et la sœur joyeux. Le lion et la lionne fiers.

Le	Article masculin singulier, qui s'accorde avec *frère*, et le détermine.
frère	Substantif masculin singulier.
et	Conjonction.
la	Article féminin singulier, qui s'accorde avec *sœur*, et le détermine.
sœur	Substantif féminin singulier.
joyeux.	Adjectif masculin pluriel, qualifiant *frère* et *sœur ;* au *pluriel,* parce que deux singuliers valent un pluriel ; au *masculin,* parce que l'adjectif qui se rapporte à deux noms de différents genres se met au masculin.
Le	Article masculin singulier, qui s'accorde avec *lion*, et le détermine.
lion	Substantif masculin singulier.
et	Conjonction.

la	Article féminin singulier, qui s'accorde avec *lionne*, et le détermine.
lionne	Substantif féminin singulier.
fiers.	Adjectif masculin pluriel, qualifiant *lion* et *lionne*; au *pluriel*, parce que deux singuliers valent un pluriel; au *masculin*, parce que l'adjectif qui se rapporte à deux noms de différents genres se met au masculin.

§ 388.   **QUATRIÈME MODÈLE.**

De *beaux livres*. De *belles moissons*. D'*énormes lions*.

De	Particule mise pour *des*, article composé, devant un adjectif pris dans un sens indéterminé, comme dans ces phrases de la grammaire, *de beaux jardins, de belles fleurs.*
beaux	Adjectif masculin pluriel, qualifiant *livres*.
livres.	Substantif commun au masculin pluriel.
De	Particule mise pour *des*, article composé.
belles	Adjectif féminin pluriel, qualifiant *moissons*.
moissons.	Substantif commun, au féminin pluriel.
D'	Pour *de*, particule mise pour *des*, article composé.
énormes	Adjectif masculin pluriel, qualifiant *lion*.
lions.	Substantif commun, au masculin pluriel.

§ 389.   **CINQUIÈME MODÈLE.**

Dieu existe.

Dieu	Substantif masculin singulier, sujet de la phrase, *Dieu* est un substantif idéal ou métaphysique.
existe.	Verbe *exister*; neutre; première conjugaison; troisième personne du singulier du présent de l'indicatif, s'accordant avec son sujet *Dieu*, que je trouve en faisant la question *qui est-ce qui? Qui est-ce qui existe?* Dieu : donc *Dieu* est le sujet du verbe *existe.*

Je dis *verbe*, parce que le mot *existe* exprime un état; il est *neutre*, parce qu'on ne peut mettre après ni *quelqu'un* ni *quelque chose*, et que l'action ne tombe sur rien ; il est de la *première conjugaison*, parce qu'il a l'infinitif en *er*, comme *aimer*.

Je dis *troisième personne*, parce que tout nom placé devant un verbe indique la troisième personne. Quand nous disons *Dieu existe*, ce n'est pas *Dieu* qui parle, nous ne parlons pas à *Dieu*, mais nous parlons de *Dieu*.

Existe est du *singulier*, parce que nous ne parlons que d'un *Dieu* ; il est au *présent*, parce que l'être dont on parle existe présentement : il est à l'*indicatif*, parce qu'on affirme l'existence de cet être.

Enfin, *existe* est un *temps simple*, parce qu'il n'est formé d'aucun des temps de l'auxiliaire ; c'est un *temps primitif*, parce qu'il sert à former les autres.

§ 390.   **SIXIÈME MODÈLE.**

Les livres sont utiles aux enfants. Tu as fini ton devoir.

Les	Article masculin pluriel, qui s'accorde avec *livres*, et le détermine.
livres	Substantif masculin pluriel, *sujet* de la phrase. *Livre* est un substantif commun.
sont	Verbe substantif *être* ; troisième personne plurielle du présent de l'indicatif, s'accordant avec son sujet *livres*, que je trouve en faisant la question *qu'est-ce qui? Qu'est-ce qui sont? les livres :* donc *livres* est le sujet du verbe *sont*.

Je dis *verbe*, parce que le mot *sont* exprime un état ; il est *substantif*, parce qu'il ne sert point à conjuguer un autre verbe.

Je dis que *sont* est de la *troisième personne*, parce que tout nom placé devant un verbe indique la troisième personne. De plus, les noms de chose inanimée s'emploient rarement à la première personne ainsi qu'à la deuxième.

Sont est au *pluriel*, parce que nous parlons de plusieurs *livres* ; il est au *présent*, parce que l'objet dont on parle est présentement ; il est à l'*indicatif*, parce qu'on affirme que cet objet est d'une certaine nature.

Enfin, *sont* est un *temps simple*, parce

	qu'il n'est formé d'aucun des temps de l'auxiliaire ; c'est un *temps primitif*, parce qu'il sert à former les autres.
utiles	Adjectif masculin pluriel, qui s'accorde avec le substantif *livres*, dont il est l'attribut.
aux	Article masculin pluriel, qui s'accorde avec *enfants*, et le détermine. *Aux* est mis pour *à les*, article composé du pluriel. Au singulier, on dit *au* pour *à le*.
enfants.	Substantif masculin pluriel, formant avec *aux* le complément de l'adjectif *utiles*. *Enfant* est un substantif commun.
Tu	Pronom de la deuxième personne, au singulier masculin, si l'on parle d'un homme ; au féminin, si l'on parle d'une femme.
as fini	Verbe *finir* ; actif ; deuxième conjugaison ; deuxième personne singulière du parfait indéfini de l'indicatif, s'accordant avec son sujet *tu*. Ce temps est composé de la deuxième personne du présent de l'indicatif du verbe auxiliaire *avoir* et du participe passé *fini*. Je dis *parfait indéfini*, parce qu'il exprime une action passée dans un temps dont il reste encore quelque chose à s'écouler, dans un temps *indéfini*, indéterminé.
ton	Adjectif possessif masculin singulier, s'accordant avec *devoir*.
devoir.	Substantif masculin singulier, complément direct du verbe *finir*. Je trouve ce complément en faisant la question *qu'est-ce que*. *Qu'est-ce que tu as fini ?* ton devoir : donc *devoir* est le complément direct du verbe *as fini*. *Devoir* est un substantif idéal ou métaphysique.

§. 391. **SEPTIÈME MODÈLE.**

Ce peuple de sauvages a désolé les contrées voisines de
celles que nous habitons.

Ce	Adjectif démonstratif masculin singulier s'accordant avec *peuple*.
peuple	Substantif collectif masculin singulier, sujet de la

	proposition principale. *Peuple* est un collectif général.
de	Préposition qui met en rapport *peuple* et *sauvages*.
sauvages.	Substantif commun masculin pluriel, complément de la préposition *de*.
a désolé	Verbe *désoler*; actif; première conjugaison en *er*; troisième personne singulière du parfait indéfini de l'indicatif, s'accordant avec son sujet *peuple*.
	J'ai dit que *peuple* est le sujet, parce que le verbe s'accorde avec le *collectif général*.
les	Article féminin pluriel, qui s'accorde avec *contrées*, et le détermine.
contrées	Substantif commun féminin pluriel, complément direct du verbe *désoler*.
voisines	Adjectif féminin pluriel, s'accordant avec *contrées*.
de	Préposition qui met en rapport *voisines* et *celles*.
celles	Pronom démonstratif féminin pluriel, complément de la préposition *de*.
	Ce pronom s'accorde avec le substantif *contrées*, qui est sous-entendu.
	Je dis *pronom*, parce que ce mot rappelle l'idée du nom sous-entendu avec lequel il s'accorde : *de celles*, c'est-à-dire *de ces contrées*.
que	Pour *lesquelles*, adjectif relatif féminin pluriel, s'accordant avec le substantif *contrées*. *Que* est le *complément direct* du verbe actif *habiter*. Quand je dis : *Les contrées que nous habitons*, c'est comme si je disais : *nous habitons lesquelles contrées : lesquelles*, régime direct.
nous	Pronom de la première personne plurielle, sujet du verbe de la proposition incidente.
habitons.	Verbe *habiter*; actif; première conjugaison en *er*; première personne plurielle du présent de l'indicatif, s'accordant avec *nous*, son sujet.
	Je dis que le pronom *nous* est sujet de la proposition incidente, indiquée par *que*; *habitons* en est le verbe, et *que* ou *lesquelles* en est le complément.

§ 392. **HUITIÈME MODÈLE.**

Ce cheval vaut mille francs. Ce marchand vous a vendu cent ou deux cents mètres de toile. L'an mil huit cent, il se passa de grands événements.

Ce	Adjectif démonstratif masculin singulier, s'accordant avec le substantif *cheval* qui suit.
cheval	Substantif masculin singulier, sujet de la phrase. *Cheval* est un substantif commun.
vaut	Verbe *valoir ;* neutre et irrégulier ; troisième conjugaison en *oir ;* troisième personne du singulier du présent de l'indicatif, s'accordant avec le substantif *cheval*, son sujet.
mille	Adjectif numéral invariable ; *mille* est un adjectif de nombre cardinal.
francs.	Substantif masculin pluriel, qu'on pourrait regarder comme *complément* d'une préposition renfermée dans le verbe *vaut*, qui signifie *a la valeur* DE. *Franc* est un substantif commun.
Ce	Adjectif démonstratif s'accordant avec le substantif *marchand*.
marchand	Substantif masculin singulier, sujet du verbe *a vendu*. *Marchand* est un substantif commun.
vous	Pour *à vous*, pronom de la deuxième personne plurielle, complément indirect du verbe actif *vendre*. Le complément indirect se marque par *à, au, de, du, des. A qui le marchand a-t-il vendu ? à vous : à vous* est donc le complément indirect.
a vendu	Verbe *vendre ;* actif ; quatrième conjugaison en *re ;* troisième personne du singulier du parfait indéfini de l'indicatif, s'accordant avec son sujet *marchand*. *A vendu* est un temps composé, parce qu'il prend un des temps de l'auxiliaire *avoir*.
cent	Adjectif pluriel de nombre cardinal.
ou	Conjonction qui oppose un mot à un autre.
deux	Adjectif pluriel de nombre cardinal.
cents	Adjectif pluriel de nombre cardinal.
mètres	Substantif masculin pluriel, complément direct du verbe *a vendu*. *Mètre* est un substantif commun de mesure.
de	Préposition qui établit un rapport entre *mètres* et *toile*.

10.

toile.	Substantif féminin singulier, complément de la préposition *de*. *Toile* est un substantif commun de matière.
L' pour *le*	Article masculin singulier, qui s'accorde avec *an*, et le détermine. *Le* est un article simple.
an	Substantif masculin singulier. *An* est un substantif commun.
mil huit cent	Adjectif pluriel de nombre cardinal.
il	Pronom de la troisième personne. Il est absolu dans ces phrases, *il suffit*, *il s'agit*, et sujet du verbe.
se	Pronom réfléchi de la troisième personne, complément du verbe.
passa	Verbe *se passer*; réfléchi; première conjugaison en *er*; troisième personne du parfait défini de l'indicatif, s'accordant avec *il*.
de	Pour *des*, *des* pour *de les*, article composé. Au singulier, on dit *du* pour *de le*.
grands	Adjectif masculin pluriel s'accordant avec le substantif *événements*.
événements.	Substantif masculin pluriel, complément de la préposition *de* renfermée dans *des*. *Événement* est un substantif commun.

§ 393.   NEUVIÈME MODÈLE.

Ces femmes, toutes prudentes qu'elles sont, tout adroites qu'elles paraissent, se sont trompées. Ma mère qui est toute malade fut étonnée de ma visite.

Ces	Adjectif démonstratif féminin pluriel, s'accordant avec le substantif *femmes* qui suit.
femmes,	Substantif commun féminin pluriel, sujet actif de la proposition principale. Je dis *sujet actif*, parce qu'il fait l'action que marque le verbe.
toutes	Pour *tout*, par euphonie. *Tout*, adverbe, signifie *quoique*, *quelque*; il prend ici le genre et le nombre de l'adjectif *prudentes*, qui commence par une consonne.
prudentes	Adjectif féminin pluriel, s'accordant avec le substantif *femmes*, auquel il donne la qualité de *prudence* : *toutes prudentes*. c'est comme si l'on disait : *quoique prudentes, quelque prudentes.*

qu'	Pour *que*, conjonction.
elles.	Pronom de la troisième personne plurielle, se rapportant au substantif *femmes*, qui est féminin. pluriel.
sont,	Verbe substantif *être*; troisième personne plurielle du présent de l'indicatif, s'accordant avec son sujet *femmes*.
tout	Adverbe qui signifie encore *quoique*, *quelque*. (*Tout* peut signifier aussi *entièrement* : *Ma mère est toute malade*, c'est-à-dire *entièrement malade*.) Il est invariable devant l'adjectif *adroites*, qui commence par une voyelle.
adroites	Adjectif féminin pluriel, s'accordant avec le substantif *femmes*; *tout adroites*, c'est-à-dire *quelqu'adroites*.
qu'	Conjonction.
elles	Pronom de la troisième personne féminin pluriel, se rapportant au substantif *femmes*, dont il tient la place..
paraissent,	Verbe *paraître*; neutre; quatrième conjugaison en *re*, ou cinquième conjugaison supplémentaire; troisième personne plurielle du présent de l'indicatif, s'accordant avec le pronom *elles*, son sujet.
	Toutes prudentes qu'elles sont, tout adroites qu'elles paraissent, sont deux propositions incidentes.
se	Pronom réfléchi de la troisième personne., complément direct du verbe suivant.
sont trompées.	Verbe *se tromper*; réfléchi; première conjugaison en *er*; troisième personne plurielle du parfait indéfini de l'indicatif; au féminin, s'accordant avec le substantif *femmes*. Les mots suivants, *ces femmes se sont trompées*, forment la proposition principale.
Ma	Adjectif possessif féminin singulier de la première personne, s'accordant avec *mère*.
mère,	Substantif commun féminin singulier, sujet de la proposition principale.
qui	Pour *laquelle*, adjectif conjonctif féminin singulier, s'accordant avec son antécédent *mère*. (On appelle *antécédent* le mot qui précède le *qui* ou *que* relatif.) *Qui* est sujet de la proposition incidente qu'il indique. Ainsi on voit qu'il fait deux fonctions dans la phrase : d'abord

est	il lie deux propositions, et s'accorde avec le sujet ou le complément de la première ; ensuite il forme le sujet de la seconde.
	Verbe substantif *être* ; troisième personne du singulier du présent de l'indicatif, s'accordant avec son sujet *qui*.
toute	Pour *tout*, par euphonie ; il signifie *entièrement*. *Toute* prend le genre et le nombre de l'adjectif *malade*, qui commence par une consonne.
malade,	Adjectif féminin singulier, s'accordant avec le substantif *mère*, représenté par *qui*. Il termine la proposition incidente, *qui est toute malade*.
fut étonnée	Verbe passif *être étonné* ; troisième personne singulière du parfait défini de l'indicatif, au féminin, s'accordant avec *mère*. Ce verbe appartient à la proposition principale.
de	Préposition qui établit un rapport entre le verbe qui précède, et le nom suivant.
ma	Adjectif possessif féminin singulier, s'accordant avec *visite*.
visite.	Substantif commun féminin singulier, complément de la préposition *de*.

§ 394.   **DIXIÈME MODÈLE.**

Celui qui a la charité, possède une grande vertu que Jésus-Christ a recommandée surtout à l'homme dans son évangile.

Celui	Adjectif démonstratif masculin singulier, sujet de la proposition principale ; il veut dire *l'homme*.
qui	Pour *lequel*, adjectif relatif masculin singulier, s'accordant avec *celui*, son antécédent, et sujet de la proposition incidente qui suit.
a	Verbe *avoir* ; actif ; troisième personne du singulier du présent de l'indicatif, s'accordant avec son sujet *qui*.
	Je dis *verbe actif*, parce que toutes les fois que le verbe *avoir* a un complément, il est véritablement actif. On ne peut appeler *auxiliaire* que le verbe qui sert à conjuguer un autre verbe : nous l'avons déjà fait remarquer pour le verbe *être*.
	A est le verbe de la proposition incidente

	indiquée par *qui*. Il ne prend pas d'accent grave.
la	Article simple féminin singulier, qui s'accorde avec *charité*, et le détermine.
charité	Substantif commun féminin singulier, complément direct du verbe actif *avoir*.
	Les mots *qui a la charité* forment donc une proposition incidente dépendant du sujet *celui*, dans laquelle je trouve un sujet, *qui*; un verbe, *a*; et un complément, *la charité*.
possède	Verbe *posséder*; actif; première conjugaison en *er*; troisième personne du singulier du présent de l'indicatif, s'accordant avec son sujet *celui*.
	Possède est le verbe de la proposition principale. Il prend l'accent *grave* au lieu de l'accent *aigu*, à cause de l'*e* muet qui suit.
une	Adjectif numéral féminin singulier, qui s'accorde avec le substantif *vertu*, et le détermine.
grande	Adjectif féminin singulier, s'accordant avec le substantif *vertu*, auquel il applique la qualité de *grandeur*.
vertu	Substantif commun féminin singulier, complément du verbe actif *posséder*.
	Celui-ci ou *celui-là possède une grande vertu*, voilà la proposition principale.
que	Pour *laquelle*, adjectif conjonctif féminin singulier, s'accordant avec le substantif *vertu* qui en est l'antécédent, et en même temps *complément direct* du verbe *recommander*.
	Une grande vertu que Jésus-Christ recommande. Qu'est-ce que Jésus-Christ a recommandé? laquelle vertu. Laquelle est donc le complément direct du verbe *recommander*.
Jésus-Christ	Nom de notre sauveur, substantif propre singulier masculin, sujet de la proposition incidente indiquée par *que*.
recommande	Verbe *recommander*; actif; première conjugaison en *er*; troisième personne singulière du présent de l'indicatif, s'accordant avec son sujet *Jésus-Christ*.
	Ce verbe appartient à la proposition incidente.
surtout	Adverbe.
à	Préposition qui marque l'attribution.
	A préposition prend un accent grave.

l'	Pour *le*, article simple masculin singulier, qui s'accorde avec le substantif *homme*, et le détermine.
homme	Substantif commun masculin singulier, complément indirect du verbe actif *recommander*, qui précède:

On connaît le *complément indirect* du verbe par la question *à qui*. *A qui Jésus-Christ recommande-t-il ? à l'homme* : le substantif *homme* est donc le complément indirect du verbe *recommander*.

Les mots, *que Jésus-Christ a recommandée surtout à l'homme*, forment une proposition incidente dépendant du complément *vertu* ; elle est composée d'un sujet, d'un verbe et de deux compléments.

dans	Préposition qui marque le lieu.
son	Adjectif possessif masculin singulier, s'accordant avec le substantif *évangile*, qui suit.
évangile.	Substantif commun masculin singulier, complément de la préposition *dans*.

Dans son évangile, ces trois mots forment un troisième complément du verbe *recommander*.

§ 395.   DERNIER MODÈLE,

PLUS ÉTENDU ET PLUS DÉTAILLÉ QUE LES AUTRES.

Hélas! l'état horrible où le ciel me l'offrit
Revient à tout moment effrayer mon esprit ;
De princes égorgés la chambre était remplie ;
Un poignard à la main, l'implacable Athalie
Au carnage animait ses barbares soldats,
Et poursuivait le cours de ses assassinats.
Joas, laissé pour mort, frappa soudain ma vue.
Je me figure encore sa nourrice éperdue,
Qui devant les bourreaux s'était jetée en vain,
Et, faible, le tenait renversé sur son sein.

Hélas!	Interjection qui marque la douleur.
l'	Article simple masculin singulier, qui s'accorde avec *état*, et le détermine.
état	Substantif commun masculin singulier, qui nomme une chose et convient à plusieurs ; sujet de *re-*

	vient, parce qu'il est le principe de l'action de ce verbe ; pluriel par *s*.
horrible.	Adjectif des deux genres, masculin singulier, attribut de *état ;* au positif, parce qu'il est pris dans sa signification simple ; pluriel par *s*.
où	Adverbe de lieu.
le	Article simple masculin singulier, qui s'accorde avec *ciel*, et le détermine.
ciel	Substantif commun masculin singulier, qui nomme une chose et convient à plusieurs ; sujet actif du verbe *offrit*, parce qu'il est le principe de l'action de ce verbe ; irrégulier ; au pluriel : *cieux*.
me	Pour *à moi*, pronom de la première personne singulière qui désigne la personne qui parle ; complément indirect du verbe *offrir*, parce que c'est à ce pronom qu'aboutit ou se termine l'action de ce verbe, à l'aide de la préposition *à*, sous-entendue.
l'	Pour *lui*, pronom relatif qui rappelle l'idée de *Joas ;* complément direct du verbe suivant, parce que c'est l'objet immédiat de l'action de ce verbe.
offrit	Verbe *offrir ;* actif ; parce qu'il exprime une action qui tombe sur un objet étranger au sujet, et qu'on peut mettre après lui *quelqu'un* ou *quelque chose ;* deuxième conjugaison supplémentaire, parce qu'il a l'infinitif en *ir ;* troisième personne singulière, à cause du sujet *ciel ;* parfait défini, parce qu'il marque un temps entièrement passé ; temps simple, parce qu'il n'emploie point d'auxiliaire ; temps primitif, parce qu'il sert à former les autres, et qu'il n'est lui-même formé d'aucun autre.
revient	Verbe *revenir ;* neutre, parce qu'il demande après lui un complément indirect ; deuxième conjugaison, à cause de l'infinitif en *ir ;* troisième personne singulière, à cause du sujet *état ;* présent de l'indicatif, parce qu'il affirme une chose positivement présente ; temps simple, parce qu'il n'emploie point d'auxiliaire ; temps primitif, parce qu'il sert à former les autres temps, et qu'il n'est lui-même formé d'aucun autre.
à	Préposition qui marque un rapport entre *revient* et *moment*.

tout	Adjectif masculin singulier, attribut de *moment;* pluriel *tous.*
moment	Substantif masculin singulier, complément de la préposition *à,* de laquelle il dépend; pluriel par *s.*
effrayer	Verbe *effrayer;* actif, parce qu'il exprime une action qui tombe sur un objet étranger au sujet, et qu'on peut le faire suivre de *quelqu'un, quelque chose;* première conjugaison, à cause de l'infinitif en *er;* au présent de l'infinitif, parce qu'il exprime une action en général dans un temps relatif au verbe qui précède, et qu'il dépend d'un autre verbe; temps simple, parce qu'il n'emploie point d'auxiliaire; temps primitif, parce qu'il sert à former d'autres temps, et qu'il n'est lui-même formé d'aucun autre.
mon	Adjectif possessif masculin singulier, qui détermine *esprit* par une idée de possession, et avec rapport à la première personne singulière, parce qu'en faisant la question *l'esprit de qui?* on aura pour réponse *l'esprit de moi.*
esprit :	Substantif commun masculin singulier qui nomme une chose et convient à plusieurs; complément direct du verbe *effrayer,* parce que c'est l'objet immédiat de l'action de ce verbe; pluriel par *s.*
de	Préposition qui marque un rapport entre *prince* et *était remplie.*
princes	Substantif commun masculin pluriel, qui nomme une personne et convient à plusieurs; complément de la préposition *de,* de laquelle il dépend; formé au pluriel par *s.*
égorgés	Verbe *égorger;* actif, parce qu'il exprime une action qui peut tomber sur un objet étranger au sujet, et qu'on peut le faire suivre de *quelqu'un, quelque chose;* première conjugaison, à cause de l'infinitif en *er;* participe passé, parce qu'on affirme une action passée; temps simple, parce qu'il n'emploie point d'auxiliaire; temps primitif, parce qu'il sert à former les autres temps, et qu'il n'est lui-même formé d'aucun autre; formé au pluriel par *s;* s'accordant avec *princes,* parce que, quand le participe passé n'est accompagné d'aucun temps des verbes auxiliaires *avoir* ou *être,* il

	s'accorde avec le substantif auquel il est joint, parce qu'il est pris comme adjectif.
la	Article simple féminin singulier, qui s'accorde avec *chambre*, et le détermine.
chambre	Substantif commun féminin singulier, qui nomme une chose et convient à plusieurs; sujet passif du verbe *était remplie*, parce qu'il supporte l'action marquée par ce verbe; pluriel par *s*.
était remplie :	Verbe passif, parce que son sujet reçoit l'action qu'il exprime; troisième personne singulière, à cause du sujet *chambre*; imparfait, parce qu'il marque un temps qui n'est pas entièrement passé; temps composé de l'imparfait de l'indicatif du verbe auxiliaire *être* et du participe passé *remplie*, qui s'accorde avec son sujet *chambre*, parce que, quand le participe passé est accompagné du verbe auxiliaire *être*, il s'accorde avec son sujet; formé au féminin par *e*.
un	Adjectif numéral masculin singulier, qui s'accorde avec *poignard*.
poignard	Substantif commun masculin singulier, qui nomme une chose et convient à plusieurs; pluriel par *s*.
à	Préposition qui marque l'*endroit*, et le rapport qui se trouve entre *poignard* et *main*.
la	Article simple féminin singulier, qui détermine *main*.
main,	Substantif commun féminin singulier, qui nomme une chose et convient à plusieurs; complément de la préposition *à*, de laquelle il dépend; pluriel par *s*.
l'	Article simple féminin singulier, qui s'accorde avec *Athalie*, et le détermine.
implacable	Adjectif des deux genres, féminin singulier, attribut de *Athalie*; au positif, parce qu'il est pris dans sa signification simple; pluriel par *s*.
Athalie	Nom propre de femme, qui nomme une personne et ne convient qu'à elle seule : sujet actif d'*animait*, parce qu'il fait l'action marquée par ce verbe.
au	Particule pour *à le*, article composé, masculin singulier, qui s'accorde avec *carnage*, et le détermine; pluriel, *aux* pour *à les*.
carnage	Substantif commun masculin singulier, qui

nomme une chose et convient à plusieurs ; complément indirect du verbe *animait*, parce que c'est à ce nom que se termine l'action de ce verbe , à l'aide de la préposition *au ;* pluriel par *s.*

animait — Verbe *animer ;* actif, parce qu'il exprime une action qui tombe sur un objet étranger au sujet, et qu'on peut mettre après lui *quelqu'un, quelque chose ;* première conjugaison, parce qu'il a l'infinitif en *er ;* troisième personne singulière, à cause du sujet *Athalie ;* imparfait, parce qu'il marque un temps qui n'est pas encore entièrement écoulé ; temps simple, parce qu'il n'emploie point d'auxiliaire ; temps dérivé du participe présent, en changeant *ant* en *ait.*

ses — Adjectif possessif des deux genres, masculin pluriel, qui détermine *soldats* par une idée de possession, et avec rapport à la troisième personne singulière, parce qu'en faisant la question *les soldats de qui ?* on aura pour réponse *les soldats d'elle.*

barbares — Adjectif des deux genres, masculin pluriel, attribut de *soldats ;* au positif, parce qu'il est pris dans sa signification simple ; formé au pluriel par *s.*

soldats, — Substantif commun masculin pluriel, qui nomme des êtres et convient à plusieurs ; complément direct de *animait,* parce qu'il est l'objet immédiat de l'action de ce verbe ; formé au pluriel par *s.*

et — Conjonction copulative, parce qu'elle a pour objet la liaison des propositions.

poursuivait — Verbe *poursuivre ;* actif, parce qu'il exprime une action qui tombe sur un objet étranger au sujet, et qu'on peut mettre après lui *quelqu'un* ou *quelque chose ;* quatrième conjugaison, à cause de l'infinitif en *re ;* troisième personne singulière, à cause du sujet *Athalie,* sous-entendu ; imparfait, parce qu'il exprime un temps qui n'est point encore entièrement écoulé ; temps simple, parce qu'il n'emploie point d'auxiliaire ; temps dérivé du participe présent, en changeant *ant* en *ait.*

le — Article simple masculin singulier, qui s'accorde avec *cours,* et le détermine.

cours.	Substantif commun masculin singulier, qui nomme une chose et convient à plusieurs ; complément direct du verbe *poursuivait*, parce que c'est l'objet immédiat de l'action de ce verbe ; n'ajoute rien au pluriel.
de	Préposition qui marque le rapport qui se trouve entre *cours* et *assassinats*.
ses	Adjectif possessif des deux genres, masculin pluriel, qui détermine *assassinats* par une idée de possession, et avec rapport à la troisième personne singulière, parce qu'en faisant la question *les assassinats de qui ?* on aura pour réponse *les assassinats d'elle.*
assassinats.	Substantif commun masculin pluriel, qui nomme une chose et convient à plusieurs ; complément de la préposition *de*, de qui il dépend ; pluriel par *s*.
Joas,	Nom propre d'homme, qui nomme un être et ne convient qu'à lui seul ; sujet de *frappa*, parce qu'il est le principe de l'action de ce verbe.
laissé	Verbe *laisser* ; actif, parce qu'il exprime une action qui peut tomber sur un objet étranger au sujet, et qu'on peut le faire suivre de *quelqu'un* ou *quelque chose* ; première conjugaison, parce qu'il a l'infinitif en *er* ; participe passé, parce qu'il affirme une chose passée ; temps simple, parce qu'il n'emploie point d'auxiliaire ; temps primitif, parce que, n'étant formé d'aucun temps, il sert à former les autres ; s'accordant avec *Joas*, parce que, quand le participe passé n'est accompagné d'aucun temps des verbes auxiliaires *avoir* ou *être*, il s'accorde avec le substantif auquel il est joint, parce qu'il est pris comme adjectif.
pour	Préposition qui marque l'*état*, et le rapport qui se trouve entre *laissé* et *mort*.
mort,	Participe de *mourir* ; verbe neutre, irrégulier, deuxième conjugaison, au masculin singulier, attribut de *Joas*.
frappa	Verbe *frapper* ; actif, parce qu'il exprime une action qui tombe sur un objet étranger au sujet, et qu'on peut le faire suivre de *quelqu'un*, *quelque chose* ; première conjugaison, à cause de l'infinitif en *er* ; troisième personne singulière, à cause du sujet *Joas* ; parfait défini,

	parce qu'il marque un temps entièrement passé ; temps simple, parce qu'il n'emploie point d'auxiliaire ; temps primitif, parce que, n'étant formé d'aucun temps, il sert à former les autres.
soudain	Adverbe qui ajoute à la signification du verbe *frappa*.
ma	Adjectif possessif féminin singulier, qui détermine *vue* par une idée de possession, et avec rapport à la première personne singulière, parce qu'en faisant la question *la vue de qui?* on aura pour réponse *la vue de moi*..
vue.	Substantif commun féminin singulier, qui nomme une chose et convient à plusieurs ; complément direct de *frappa*, parce qu'il est l'objet immédiat de l'action de ce verbe ; pluriel par *s*.
je	Pronom de la première personne singulière, qui désigne la personne qui parle ; sujet du verbe *figure*, parce qu'il fait l'action marquée par ce verbe.
me	Pour *à moi*, pronom de la première personne singulière, qui désigne la personne qui parle ; complément indirect du verbe *figure*, parce que c'est à ce pronom qu'aboutit ou se termine l'action de ce verbe, à l'aide de la préposition *à*, sous-entendue.
figure	Verbe *figurer* ; réfléchi, parce qu'il exprime une action faite par son sujet, et qui aboutit seulement à lui ; première conjugaison, parce qu'il a l'infinitif en *er* ; première personne singulière, à cause du sujet *je* ; présent de l'indicatif, parce qu'on affirme une chose positivement présente ; temps simple, parce qu'il se conjugue sans auxiliaire ; temps primitif, parce qu'il sert à former les temps dérivés, et qu'il n'est lui-même formé d'aucun autre.
encor	Pour *encore*, adverbe de temps qui ajoute à la signification du verbe *figurer*. L'*e* supprimé est une licence poétique.
sa	Adjectif possessif féminin singulier qui détermine *nourrice* par une idée de possession, et avec rapport à la troisième personne singulière, parce qu'en faisant la question *la nourrice de qui?* on aura pour réponse *la nourrice de lui*.
nourrice	Substantif commun féminin singulier, qui nomme

	un être et convient à plusieurs; complément direct du verbe *figurer*, parce qu'il est l'objet immédiat de l'action de ce verbe; pluriel par *s*.
éperdue,	Adjectif féminin singulier, attribut de *nourrice*; au positif, parce qu'il est pris dans sa signification simple; formé au féminin par *e*.
qui	Adjectif relatif féminin singulier déterminatif, parce qu'il sert à déterminer positivement le sens du nom *nourrice*; sujet de *s'était jetée*, parce qu'il est le principe de l'action de ce verbe.
devant	Préposition qui marque le *lieu*, et le rapport qui se trouve entre *bourreaux* et *s'était jetée*.
les	Article simple des deux genres, masculin pluriel, qui s'accorde avec *bourreaux*, et le détermine.
bourreaux	Substantif commun masculin pluriel, qui nomme des êtres et convient à plusieurs; complément de la préposition *devant*, de laquelle il dépend; pluriel par *x*.
s'	Pour *soi*, pronom réfléchi qui rappelle l'idée de *nourrice*; complément direct du verbe suivant, parce qu'il est l'objet de l'action de ce verbe.
était jetée	Verbe *jeter*; réfléchi, parce qu'il exprime l'action d'un sujet qui représente *nourrice*; au plus-que-parfait, parce qu'il marque un temps plus que passé; temps composé de la troisième personne singulière de l'imparfait de l'indicatif du verbe auxiliaire *être* et du participe passé *jetée*, qui s'accorde avec *se*, pour *soi*, complément direct placé avant lui, parce que, quand le participe est celui d'un verbe réfléchi, il faut mettre le verbe *avoir* à la place du verbe *être*; et, si le pronom réfléchi est complément direct, le participe s'accorde avec ce pronom; formé au féminin par *e*.
en vain,	Adverbe qui ajoute à la signification du verbe *jetée*.
et,	Conjonction copulative, parce qu'elle a pour objet la liaison des propositions.
faible,	Adjectif des deux genres, féminin singulier, attribut de *nourrice*; au positif, parce qu'il est pris dans sa signification simple; n'ajoute rien au féminin.
le	Pour *lui*, pronom relatif masculin singulier, qui rappelle l'idée de *Joas*; complément direct du

verbe suivant, parce qu'il est l'objet immédiat de l'action de ce verbe.

tenait Verbe *tenir*; actif, parce qu'il exprime une action qui tombe sur un objet étranger au sujet, et qu'on peut le faire suivre de *quelqu'un*, *quelque chose*; deuxième conjugaison, à cause de l'infinitif en *ir*; troisième personne singulière, à cause du sujet *nourrice*, sous-entendu; imparfait, parce qu'il marque un temps qui n'est point entièrement passé; temps simple, parce qu'il est sans auxiliaire; temps dérivé du participe présent, en changeant *ant* en *ait*.

renversé Verbe *renverser*; actif, parce qu'il exprime une action qui tombe sur un objet étranger au sujet et qu'on peut mettre après lui *quelqu'un* ou *quelque chose*; première conjugaison, parce qu'il a l'infinitif en *er*; participe passé, parce qu'il marque un temps passé; temps simple, parce qu'il est sans auxiliaire; temps primitif, parce que, n'étant formé d'aucun temps, il sert à former les autres; s'accordant avec *le* pour *lui*, pronom relatif, parce que, quand le participe passé n'est accompagné d'aucun temps des verbes auxiliaires *avoir* ou *être*, il s'accorde toujours avec le nom ou pronom auquel il est joint, parce qu'il est pris comme adjectif.

sur Préposition qui marque le *lieu*, et le rapport qui se trouve entre *renversé* et *sein*.

son Adjectif possessif masculin singulier, qui détermine *sein* par une idée de possession, et avec rapport à la troisième personne singulière, parce qu'en faisant la question *le sein de qui?* on aura pour réponse *le sein d'elle*.

sein. Substantif commun masculin singulier, qui nomme une chose et convient à plusieurs; complément de la préposition *sur*, de laquelle il dépend; pluriel par *s*.

CHAPITRE II.

ANALYSE LOGIQUE.

§ 396.   **PREMIER MODÈLE.**

Dieu est éternel. Les hommes sont mortels.

La première de ces deux phrases renferme une proposition. Le sujet est *Dieu ;* il est simple, parce qu'il n'exprime qu'un seul être, et incomplexe, parce qu'il n'a pas de complément. Le verbe est *est.* L'attribut est *éternel ;* il est simple, parce qu'il n'exprime qu'une manière d'être du sujet, et incomplexe, parce qu'il n'a pas de complément.

La seconde phrase renferme également une proposition. Le sujet est *hommes ;* il est simple, parce qu'il exprime des êtres de même espèce, et incomplexe, parce qu'il n'a pas de complément. Le verbe est *sont.* L'attribut est *mortels ;* il est simple, parce qu'il n'exprime qu'une manière d'être du sujet, et incomplexe, parce qu'il n'a pas de complément.

§ 397.   **DEUXIÈME MODÈLE.**

Rome et Carthage furent rivales. Les Gaulois étaient grands et robustes.

La première de ces deux phrases renferme une proposition. Le sujet est *Rome et Carthage ;* il est composé, parce qu'il exprime des êtres d'espèce différente, et incomplexe, parce qu'il n'a pas de complément. Le verbe est *furent.* L'attribut est *ri-vales ;* il est simple, parce qu'il n'exprime qu'une manière d'être du sujet, et incomplexe, parce qu'il n'a pas de complément.

La seconde phrase renferme également une proposition. Le sujet est *Gaulois ;* il est simple, parce qu'il exprime des êtres de même espèce, et incomplexe, parce qu'il n'a pas de complé-ment. Le verbe est *étaient.* L'attribut est *grands et robustes ;* il est composé, parce qu'il exprime plusieurs manières d'être du sujet, et incomplexe, parce qu'il n'a pas de complément.

§ 398.   TROISIÈME MODÈLE.

L'homme avare est dur envers les pauvres. Les œuvres de Dieu sont incompréhensibles pour nous. La peinture et la sculpture modernes sont célèbres à juste titre. Ces écoliers diligents seront loués et récompensés par leurs maîtres.

La première de ces quatre phrases renferme une proposition. Le sujet est *homme avare*; il est simple, parce qu'il n'exprime qu'un seul être, et complexe, parce qu'il a pour complément *avare*. Le verbe est *est*. L'attribut est *dur envers les pauvres*; il est simple, parce qu'il n'exprime qu'une manière d'être du sujet, et complexe, à cause du complément *envers les pauvres*.

La seconde phrase renferme de même une proposition. Le sujet est *œuvres de Dieu*; il est simple, parce qu'il exprime des êtres de même espèce, et complexe, parce qu'il a pour complément *de Dieu*. Le verbe est *sont*. L'attribut est *incompréhensibles pour nous*; il est simple, parce qu'il n'exprime qu'une manière d'être du sujet, et complexe, à cause du complément *pour nous*.

La troisième phrase renferme aussi une proposition. Le sujet est *peinture et sculpture*; il est composé parce qu'il exprime des êtres d'espèce différente, et incomplexe parce qu'il a pour complément *modernes*. Le verbe est *sont*. L'attribut est *célèbres à juste titre*; il est simple, parce qu'il n'exprime qu'une manière d'être du sujet, et complexe, à cause du complément *à juste titre*.

La quatrième phrase renferme également une proposition. Le sujet est *écoliers diligents*; il est simple, parce qu'il exprime des êtres de même espèce, et complexe, parce qu'il a pour complément *diligents*. Le verbe est *seront*. L'attribut est *loués et récompensés par leurs maîtres*; il est composé, parce qu'il exprime plusieurs manières d'être du sujet, et complexe, à cause du complément *par leurs maîtres*.

§ 399.   QUATRIÈME MODÈLE.

Les officiers exécutèrent les ordres qui leur furent donnés.

Cette phrase renferme deux propositions.

La première se compose de ces mots, *les officiers exécutèrent* (furent exécutant) *les ordres*; elle est principale, parce qu'elle a par elle-même un sens indépendant.

La seconde proposition se compose des mots *qui leur furent donnés;* elle est incidente, parce qu'elle est ajoutée à l'attribut de la précédente pour en compléter la signification.

§ 400   CINQUIÈME MODÈLE.

L'univers est le temple, et la terre est l'autel.

Cette phrase renferme deux propositions.

La première se compose de ces mots, *l'univers est le temple;* elle est principale absolue, parce qu'elle est énoncée la première.

La seconde proposition se compose de ces mots, *et la terre est l'autel;* elle est principale relative, parce qu'elle tient le second rang.

§ 401.   SIXIÈME MODÈLE.

L'enclos des Chartreux, qui n'était pas éloigné de sa de meure, était la promenade qu'il préférait d'ordinaire.

Cette phrase renferme trois propositions.

La première se compose de ces mots, *l'Enclos des Chartreux était la promenade;* c'est une proposition principale absolue.

La seconde proposition se compose de ces mots, *qui n'était pas éloigné de sa demeure;* c'est une incidente explicative, parce qu'elle n'est qu'accidentelle et qu'on peut la retrancher sans nuire au sens de la phrase.

La troisième proposition se compose des mots *qu'il préférait* (était préférant) *d'ordinaire;* c'est une incidente déterminative, parce qu'elle est essentielle, et qu'elle ne peut être supprimée sans que le sens de la proposition à laquelle elle se rapporte soit détruit ou dénaturé.

§ 402.   SEPTIÈME MODÈLE.

Aidons-nous (soyons aidant) mutuellement. Cette vie est un songe, et la mort, un réveil. Tout est en Dieu.

La première de ces trois phrases ne renferme qu'une proposition; c'est une principale absolue; elle est elliptique, parce que le sujet *nous* est sous-entendu.

La seconde phrase renferme deux propositions. La première se compose des mots *cette vie est un songe,* qui forment une principale absolue. La seconde proposition se compose des mots *et la mort, un réveil,* qui forment une principale relative; elle est elliptique, parce que le verbe *est* n'est pas exprimé.

La troisième phrase ne renferme qu'une proposition ; c'est une principale absolue ; elle est elliptique, parce que l'attribut *existant* est sous-entendu.

§ 403.   HUITIÈME MODÈLE.

L'enfer, comme le ciel, prouve un Dieu juste et bon.

Cette phrase renferme deux propositions.

La première se compose des mots *l'enfer prouve* (est prouvant) *un Dieu juste et bon*, qui forment une principale absolue.

La seconde proposition se compose des mots *comme le ciel*, qui forment une incidente explicative ; elle est elliptique, parce que le verbe *est* et l'attribut *prouvant un Dieu juste et bon* sont sous-entendus.

§ 404.   NEUVIÈME MODÈLE.

Qui s'est introduit dans ce lieu ?

Cette phrase renferme deux propositions.

La première est sous-entendue tout entière ; c'est *je demande* (suis demandant), proposition principale absolue.

La seconde, *qui s'est introduit* (a été s'introduisant) *dans ce lieu*, est une incidente déterminative.

§ 405.   DIXIÈME MODÈLE.

Ah ! que de la vertu les charmes sont puissants !

Cette phrase renferme deux propositions.

La première se compose de l'interjection *ah !* qui équivaut à *j'admire* (je suis admirant), proposition principale absolue ; elle est implicite, parce qu'elle renferme en elle-même le sujet, le verbe et l'attribut, sans qu'aucune de ces parties soit exprimée.

§ 406.   DERNIER MODÈLE,

PLUS ÉTENDU ET PLUS DÉVELOPPÉ QUE LES AUTRES.

J'admirais l'heureuse situation de cette grande ville, qui est au milieu de la mer, dans une île. La côte voisine est délicieuse par la fertilité, par les fruits exquis qu'elle porte, par le nombre de villes et de villages qui se touchent presque, enfin par la douceur de son cli-

mat; car les montagnes mettent cette côte à l'abri des vents brûlants du midi : elle est rafraîchie par le vent du nord, qui souffle du côté de la mer. Ce pays est au pied du Liban, dont le sommet fend les nues et va toucher les astres; une glace éternelle couvre son front; des fleuves pleins de neige tombent, comme des torrents, des rochers qui environnent sa tête.

PREMIÈRE PHRASE.

J'admirais l'heureuse situation de cette grande ville, qui est au milieu de la mer, dans une île.

Cette phrase renferme deux propositions.

1°. *J'admirais* (étais admirant) *l'heureuse situation de cette grande ville, qui....* proposition principale, parce qu'elle a par elle-même un sens indépendant; absolue, parce qu'elle est énoncée la première. Le sujet est *je*, simple et incomplexe, parce qu'il n'exprime qu'un seul être et qu'il n'a aucun complément. Le verbe est *étais.* L'attribut est *admirant;* simple, parce qu'il n'exprime qu'une manière d'être du sujet, et complexe, à cause des compléments *l'heureuse situation de cette grande ville, qui....*

2°. *Qui est* (située) *au milieu de la mer, dans une île;* proposition incidente, parce qu'elle est ajoutée à l'attribut de la précédente pour en compléter la signification; explicative, parce qu'elle n'est qu'accidentelle, et qu'on peut la retrancher sans nuire au sens de la phrase; elliptique, parce que l'attribut *située* est sous-entendu. Le sujet est *qui;* simple et incomplexe, parce qu'il n'exprime qu'un seul être et qu'il n'a aucun complément. Le verbe est *est.* L'attribut est *située au milieu de la mer, dans une île, qui...;* simple, parce qu'il n'exprime qu'une manière d'être du sujet, et complexe, à cause des compléments *au milieu de la mer, dans une île.*

DEUXIÈME PHRASE.

La côte voisine est délicieuse par sa fertilité, par les fruits exquis qu'elle porte, par le nombre de villes et de villages qui se touchent presque, enfin par la douceur de son climat; car les montagnes mettent cette côte à l'abri des vents brûlants du midi : elle est rafraîchie par le vent du nord, qui souffle du côté de la mer.

Cette phrase renferme six propositions.

1°. *La côte voisine est délicieuse par sa fertilité, par les fruits exquis qu'elle porte, par le nombre de villes et de villages qui se touchent presque*, *enfin par la douceur de son climat :* proposition principale, parce qu'elle a par elle-même un sens indépendant ; absolue, parce qu'elle est énoncée la première. Le sujet est *côte voisine ;* simple, n'exprimant qu'un seul être, et complexe, ayant pour complément *voisine.* Le verbe est *est.* L'attribut est *délicieuse par sa fertilité, par les fruits que..., par le nombre de villes et de villages qui..., enfin par la douceur de son climat ;* simple, n'exprimant qu'une manière d'être du sujet, et complexe, ayant pour complément *par sa fertilité,* etc.

2°. *Qu'elle porte* (est portant) : proposition incidente, parce qu'elle est ajoutée à l'attribut de la précédente pour en déterminer la signification ; déterminative, parce qu'elle est essentielle, et qu'on ne peut la supprimer sans que le sens de la proposition à laquelle elle se rapporte soit détruit ou dénaturé. Le sujet est *elle ;* simple et incomplexe, n'exprimant qu'un seul être et n'ayant aucun complément. Le verbe est *est.* L'attribut est *portant ;* simple et incomplexe, n'exprimant qu'une manière d'être du sujet et n'ayant aucun complément.

3°. *Qui se touchent* (sont se touchant) *presque :* proposition incidente, parce qu'elle est ajoutée à l'attribut de la précédente pour en compléter la signification ; déterminative, parce qu'elle est essentielle, et qu'on ne peut la supprimer sans que le sens de la proposition à laquelle elle se rapporte soit détruit ou dénaturé. Le sujet est *qui ;* simple et incomplexe, n'exprimant qu'un seul être et n'ayant aucun complément. Le verbe est *sont.* L'attribut est *touchant presque ;* simple, n'exprimant qu'une manière d'être du sujet, et complexe, ayant pour compléments *se et presque.*

4°. *Car les montagnes mettent* (sont mettant) *cette côte à l'abri des vents brûlants du midi :* proposition incidente, parce qu'elle est ajoutée à la principale absolue qui précède pour en compléter la signification ; explicative, parce qu'elle n'est qu'accidentelle, et qu'on peut la retrancher sans nuire au sens de la phrase. Le sujet est *montagne ;* simple et incomplexe, exprimant des êtres de même espèce et n'ayant aucun complément. Le verbe est *sont.* L'attribut est *mettant cette côte à l'abri des vents brûlants du midi ;* simple, n'exprimant qu'une manière d'être du sujet, et complexe, ayant pour compléments *cette côte à l'abri des vents du midi.*

5°. *Elle est rafraîchie par le vent du nord, qui... :* proposition principale, parce qu'elle a par elle-même un sens indépendant ; relative, parce qu'elle tient le second rang parmi les principales. Le sujet est *elle ;* simple et incomplexe, n'exprimant qu'un seul être et n'ayant aucun complément. Le verbe est *est.* L'attribut est *rafraîchie par le vent du nord, qui... ;* simple, n'exprimant qu'une manière d'être du sujet, et complexe, ayant pour complément *par le vent du nord, qui....*

6°. *Qui souffle* (est soufflant) *du côté de la mer :* proposition incidente, parce qu'elle est ajoutée à l'attribut de la précédente pour en compléter la signification ; explicative, parce qu'elle n'est qu'accidentelle, et qu'on peut la retrancher sans nuire au sens de la phrase. Le sujet est *qui ;* simple et incomplexe, n'exprimant qu'un seul être et n'ayant aucun complément. Le verbe est *est.* L'attribut est *soufflant du côté de la mer ;* simple, n'exprimant qu'une manière d'être du sujet, et complexe, ayant pour compléments *du côté de la mer.*

TROISIÈME PHRASE.

Ce pays est au pied du Liban, dont le sommet fend les nues et va toucher les astres ; une glace éternelle couvre son front ; des fleuves pleins de neige tombent, comme des torrents, des rochers qui environnent sa tête.

Cette phrase renferme sept propositions.

1°. *Ce pays est* (situé) *au pied du Liban, dont... :* proposition principale, parce qu'elle a par elle-même un sens indépendant ; absolue, parce qu'elle est énoncée la première ; elliptique, parce que l'attribut *situé* est sous-entendu. Le sujet est *pays ;* simple et incomplexe, n'exprimant qu'un seul être et n'ayant aucun complément. Le verbe est *est.* L'attribut est *située au pied du Liban, dont... ;* simple, n'exprimant qu'une manière d'être du sujet, et incomplexe, ayant pour compléments *au pied du Liban, dont....*

2°. *Dont le sommet fend* (est fendant) *les nues :* proposition incidente, parce qu'elle est ajoutée à l'attribut de la précédente pour en compléter la signification ; explicative, parce qu'elle n'est qu'accidentelle, et qu'on peut la retrancher sans nuire au sens de la phrase. Le sujet est *sommet ;* simple n'exprimant qu'un seul être, et complexe, ayant pour complément *dont* ou *duquel.* Le verbe est *est.* L'attribut est *fendant les nues ;* simple, n'exprimant qu'une manière d'être du sujet, et complexe, ayant pour complément *les nues.*

3°. *Et* (dont le sommet) *va* (est allant) *toucher les astres :* proposition incidente, parce qu'elle est, comme celle qui précède, ajoutée à l'attribut de la proposition principale pour en compléter la signification ; explicative, parce qu'elle n'est qu'accidentelle, et qu'on peut la retrancher sans nuire au sens de la phrase ; elliptique, parce que le sujet *sommet* est sous-entendu. Le sujet est *sommet ;* simple, n'exprimant qu'un seul être, et

complexe, ayant pour complément *dont* ou *duquel.* Le verbe est
est. L'attribut est *allant toucher les astres* ; simple, n'exprimant
qu'une manière d'être du sujet, et complexe, ayant pour compléments *toucher les astres.*

4°. *Une glace éternelle couvre* (est couvrant) *son front :* proposition principale, parce qu'elle a par elle-même un sens indépendant ; relative, parce qu'elle tient le second rang parmi les
principales. Le sujet est *glace éternelle ;* simple, n'exprimant
qu'un seul être, et complexe, ayant pour complément *éternelle.*
Le verbe est *est.* L'attribut est *couvrant son front ;* simple,
n'exprimant qu'une manière d'être du sujet, et complexe, ayant
pour complément *son front.*

5°. *Des fleuves pleins de neige tombent* (sont tombant), *comme
des torrents, des rochers qui... :* proposition principale, parce
qu'elle a par elle-même un sens indépendant ; relative, parce
qu'elle tient le troisième rang parmi les principales. Le sujet est
des fleuves pleins de neige ; simple, exprimant des êtres de même
espèce, et complexe, ayant pour compléments *pleins de neige.*
Le verbe est *sont.* L'attribut est *tombant, comme des torrents,
des rochers qui... ;* simple, n'exprimant qu'une manière d'être du
sujet, et complexe, ayant pour compléments *comme des torrents,
des rochers qui....*

6°. *Comme des torrents* (sont tombant) : proposition incidente,
parce qu'elle est interposée dans la proposition principale, pour
en compléter la signification ; explicative, parce qu'elle n'est
qu'accidentelle, et qu'on peut la retrancher sans altérer le sens de
la phrase ; elliptique, parce que le verbe *sont* et l'attribut *tombant* sont sous-entendus. Le sujet est *des torrents ;* simple et
incomplexe, exprimant des êtres de même espèce et n'ayant
aucun complément. Le verbe est *sont.* L'attribut est *tombant ;*
simple et incomplexe, n'exprimant qu'une manière d'être du sujet et n'ayant aucun complément.

7°. *Qui environnent* (sont environnant) *sa tête :* proposition
incidente, parce qu'elle est ajoutée à l'attribut de la précédente
pour en compléter la signification ; déterminative, parce qu'elle
est essentielle, et qu'on ne peut la supprimer sans détruire ou dé-
naturer le sens de la proposition à laquelle elle se rapporte. Le
sujet est *qui ;* simple et incomplexe, exprimant des êtres de
même espèce et n'ayant aucun complément. Le verbe est *sont.*
L'attribut est *environnant ;* simple, n'exprimant qu'une manière
d'être du sujet, et complexe, ayant pour complément *sa tête.*

TABLE DES MATIÈRES.

                                                 Pages

PRÉFACE. 1

NOTIONS PRÉLIMINAIRES 3

PREMIÈRE PARTIE.

Des diverses espèces de mots.

LIVRE PREMIER. — *Mots variables.*

CHAPITRE I. Du nom. 11
   II. De l'article. 15
   III. De l'adjectif. 18
   IV. Du pronom. 29
   V. Du verbe. 32
   VI. Du participe. 42

LIVRE DEUXIÈME. — *Mots invariables.*

CHAPITRE I. De l'adverbe. 44
   II. De la préposition. 45
   III. De la conjonction. 46
   IV. De l'interjection. 47

LIVRE TROISIÈME. — *Des verbes attributifs.*

CHAPITRE I. Des verbes attributifs en général. 49
   II. Des verbes actifs. 51
   III. Des verbes passifs. 67
   IV. Des verbes réfléchis. 70
   V. Des verbes neutres. 72
   VI. Des verbes unipersonnels 75
   VII. Verbes particuliers de la première conjugaison. 76
   VIII. Des verbes irréguliers. 88
   IX. Des verbes défectifs. 152

Livre quatrième. — *Orthographe.*

Pages

Chapitre I. De la dérivation.................... 147
   II. De la réduplication des consonnes........ 148
   III. Des majuscules et des signes orthographiques. 150
   IV. De la prononciation comparée avec l'ortho-
     graphe............................. 154

SECONDE PARTIE.

Syntaxe.

Livre premier. — *Syntaxe générale.*

Chapitre I. De la proposition.................... 159
   II. Syntaxe d'accord...................... 166
   III. Syntaxe de complément................ 170

Livre deuxième. — *Syntaxe particulière.*

Chapitre I. Du nom.......................... 180
   II. De l'article........................... 184
   III. De l'adjectif.......................... 187
   IV. Du pronom........................... 194
   V. Du verbe............................ 196
   VI. Du participe.......................... 205
   VII. De l'adverbe......................... 212
   VIII. De la préposition..................... 214
   IX. De la conjonction..................... 215
   X. De la ponctuation...................... 217

Livre troisième. — *Analyse.*

Chapitre I. Analyse grammaticale.................. 219
   II. Analyse logique.................... 239

www.ingramcontent.com/pod-product-compliance
Ingram Content Group UK Ltd.
Pitfield, Milton Keynes, MK11 3LW, UK
UKHW021020140726
13695UKWH00001B/370